2021年度山东省金融应用重点研究项目“外部流动性冲击对我国金融稳定的影响及风险防范研究”（2021-JRZZ-09）

RENMINBI
HUILÜ BODONG
YU WOGUO HUOBI ZHENGCE
YOUXIAOXING YANJIU

人民币汇率波动
与我国货币政策有效性研究

秦伟广　王芳　孙红 ◎ 著

中国财经出版传媒集团
经济科学出版社
Economic Science Press

图书在版编目（CIP）数据

人民币汇率波动与我国货币政策有效性研究/秦伟广，王芳，孙红著．—北京：经济科学出版社，2022.1

ISBN 978 -7 -5218 -3369 -0

Ⅰ．①人…　Ⅱ．①秦…②王…③孙…　Ⅲ．①人民币汇率 - 汇率波动 - 影响 - 货币政策 - 研究 - 中国　Ⅳ．①F832.63②F822.0

中国版本图书馆 CIP 数据核字（2022）第 009474 号

责任编辑：周国强
责任校对：刘　昕
责任印制：张佳裕

人民币汇率波动与我国货币政策有效性研究
秦伟广　王　芳　孙　红　著
经济科学出版社出版、发行　新华书店经销
社址：北京市海淀区阜成路甲 28 号　邮编：100142
总编部电话：010 -88191217　发行部电话：010 -88191522
网址：www.esp.com.cn
电子邮箱：esp@esp.com.cn
天猫网店：经济科学出版社旗舰店
网址：http：//jjkxcbs.tmall.com
固安华明印业有限公司印装
710×1000　16 开　8.5 印张　150000 字
2022 年 1 月第 1 版　2022 年 1 月第 1 次印刷
ISBN 978 -7 -5218 -3369 -0　定价：52.00 元
（图书出现印装问题，本社负责调换。电话：010 -88191510）

前　言

我国汇率制度总体上经历了三次重要的改革，在此期间货币政策也在不断地演进。1994 年，我国的汇率制度从固定汇率制度转变为以市场供需为基础的有管理浮动汇率制度。自此人民币汇率波动频率增加，波动幅度也逐渐放宽。此次汇率改革带来了人民币兑美元汇率的大幅贬值，从而极大地刺激了我国出口贸易的增长。经常账户余额从逆差转变为顺差，并持续增大。在此期间我国经济经历了 1994 年的严重通货膨胀以及 1997 年的亚洲金融危机。为了抑制 1994 年的高通货膨胀，我国采取了提高利率的紧缩性货币政策措施，一年期存款利率达到 10.98%。高利率带来大量资本的流入，进而造成人民币升值压力上升。面对人民币升值导致的出口下降和就业压力上升，央行理应实施扩张性货币政策刺激经济。然而扩张性货币政策的后果会进一步增加通货膨胀的压力。因此这一时期的汇率与货币政策目标存在冲突。爆发于 1997 年的亚洲金融危机期间，我国经济面临国内有效需求下降，大量企业职工下岗，通货紧缩压力上升。面对国内严峻的经济形势，需要扩张性的货币政策刺激国内经济增长，解决通缩和失业问题。然而基于当时的国际经济形势，在亚洲其他国家货币大幅贬值的情况下，人民币也存在贬值压力。为了保持人民币币值稳定，则需要央行采取紧缩性的货币政策，但是这会进一步加剧国内通缩的压力。因此，这一时期汇率与货币政策目标又发生冲突。

2005 年 7 月，我国实施了汇率形成机制改革。改革的主要内容为由过去单一的盯住美元的汇率制度转变为参考一篮子货币的汇率形成机制。汇率波动幅度方面也进一步放宽，并且央行可以依据实际经济形势和外汇供求状况调整汇率波动幅度。在此之后，央行逐渐扩大汇率波动浮动幅度，进一步完善汇率形成的市场化机制。随着 2005 年汇率市场化形成机制改革的不断深入，我国出口贸易金额不断上升。持续的贸易顺差导致国内通货膨胀上升和人民币汇率的升值。为了应对通货膨胀问题，央行需要采取提高利率、减少货币发行量等紧缩性货币政策。然而紧缩性货币政策会导致资本流入，进而进一步加大了人民币升值的压力。如果寄希望于人民币汇率稳定，那么央行则需要采取扩张性的货币政策，但这意味着通货膨胀继续上升。面对通货膨胀和汇率升值的矛盾，我国央行在增强人民币汇率波动弹性的同时采取稳健的货币政策。这一组合政策的实施，不仅解决了国内的通货膨胀问题，而且在一定程度上遏制了贸易顺差的过快增长。总体而言，这一时期我国的货币政策和汇率政策的协调性增强，汇率形成机制改革为我国货币政策提供了更大的回旋空间。

2015 年 8 月，为了进一步推进人民币汇率市场化形成机制，我国实施了人民币汇率中间价的改革。此次改革的突出特点是人民币汇率中间价基于上一交易日的市场供求状况确定，进而使得中间价能够及时反映外汇市场的供求状况。最终形成了基于收盘价和一篮子货币波动的人民币汇率中间价报价机制，人民币汇率市场化定价机制进一步提高。通过此次人民币汇率形成机制改革，人民币离岸与在岸市场汇率的联动性得到增强，汇差幅度得以降低。释放了长期积累的人民币贬值压力，在一定程度上促进了我国企业的出口。自 2010 年以来，我国经济增速持续下降，2015 年经济增速首次下降到 7% 以下。面对经济增长放缓，央行应采取扩张性的货币政策刺激经济，但是同年我国 M2 已达到 139.23 万亿元，增速高达 13.34%。因此如果继续实施扩张性的传统货币政策，必然导致人民币汇率的持续贬值。在人民币贬值和经济下行双重压力下，传统货币政策调控空间有限，人民币存款基准利率自 2012 年 7 月以来一直维持在 0.35% 的水平。因此自 2013 年以来，我国央行探索并实施了创新型货币政策：短期流动性调节（SLO）、常备借贷便利（SLF）、中期借贷便利（MLF）、抵押补充贷款（PSL）。创新型货币政策的实施提高了货币政策的方向性和调控的精准性。

经过历次的人民币汇率改革，汇率波动幅度逐渐增大，汇率弹性提高，人民币离岸在岸汇差的偏离程度缩小。汇率波动的增大，意味着金融机构以及国内企业面对的汇率风险的上升，因而汇率风险是机构和个人所关心的关键问题之一。汇率机制的改革，在一定程度上也将对货币政策的效果产生影响。那么汇率波动在多大程度上影响我国货币政策的效果？本书在重点梳理影响人民币汇率的因素主要包括金融市场的不完全性、经济政策不确定性和人民币离岸市场。在此基础上，深入研究了汇率波动对我国货币政策效果的影响。

本书为 2021 年度山东省金融应用重点研究项目“外部流动性冲击对我国金融稳定的影响及风险防范研究”（项目编号：2021-JRZZ-09）的研究成果。本书主体内容由秦伟广负责，王芳负责本书的资料收集整理与文字校对工作，孙红负责本书第 7 章数据的收集与分析工作。

目　录

第1章
绪　论

1.1 研究背景与意义

汇率是一国经济发展状况及前景的综合反映，在维持国内外平衡中起着至关重要的作用，成为开放经济条件下的核心工具变量。汇率作为两国之间货币的相对价格，其变动直接影响一国国内物价水平的变动，通过支出转换效应改变贸易收支并影响其他宏观经济变量。传统国际金融理论认为，一国货币升值会抑制出口、促进进口并对国内通货膨胀形成一定抑制作用，反之则会导致国内通胀压力上升。汇率波动不仅影响国内物价水平的变化，而且将导致实际货币供给量和利率水平发生改变，进而影响央行对货币政策条件的准确判断和最优货币政策的制定，不利于实现既定的货币政策目标。那么在汇率波动性风险不断增强的情况下，如何保持我国货币政策的有效性是政策制定者关心的重要问题之一。

我国自 2005 年逐渐开始人民币汇率形成机制改革，逐步放宽人民币汇率波动幅度。影响人民币汇率波动的因素日益增多并且影响程度进一步加深。2008 年全球金融危机期间及之后，面对日益复杂多变的国内及国际经济形势，经济政策的不确定性亦日趋上升。尤其是近年中美贸易摩擦不断升级，以及 2020 年新冠肺炎疫情暴发导致各国经济政策不确定性进一步增加。因而深入分析研究经济政策不确定性对汇率的影响是当前及未来一段时期值得关注的重点内容之一。

香港人民币离岸市场自 2010 年 7 月正式建立之后，其人民币离岸报价逐渐成为离岸人民币的核心价格。2014～2017 年期间沪港通、深港通和债券通等政策的陆续实施，丰富了内地与香港之间的资金往来渠道。上述“三通”政策的出台，进一步确立了香港在人民币离岸市场中的核心地位，推动香港人民币离岸市场快速发展。2019 年香港离岸人民币交易金额 149.22 亿元，同年 12 月，香港对内地贷款总额达到 45637.50 亿港元，在香港的人民币存款超过 6322.07 亿元，香港对内地所持债权为 5034.41 亿港元和 24859.74 亿外币，债务则为 9554.51 亿港元和 16639.43 亿外币。[①] 迄今为止，有 70% 以上人民币的交易和结算业务经由香港开展，香港已成为连接内地与国际资本的重要窗口，香港与内地之间的资金双向流动规模持续上升。

根据“一价定律”，同一货币在不同市场存在不同价格，理论上会驱动套利行为直至价格相等，然而人民币在岸与离岸价格却并不相同。2015 年 8 月 11 日汇改后，人民币离岸市场更加活跃，离岸与在岸汇率走势产生较大偏离。尤其在汇率贬值预期增强情况下，离岸投机势力大举做空人民币，离岸与在岸汇差进一步加剧。2017 年初，央行为稳定市场、抬高离岸利率以抽干流动性，离岸汇率暴涨，汇差再次拉开，但此次出现了汇率倒挂。由于人民币在岸与离岸市场机制的差异，导致对同一市场信号定价的不一致，进而形成汇差和利差。在当前我国资本项目尚未全面开放情况下，利差和汇差会吸

① 香港金融管理局网站：https：//www.hkma.gov.hk。

引投机资金的套利活动，进而导致人民币在岸汇率波动性风险增加。

同时，作为传统货币政策的重要指标，人民币存款基准利率自 2012 年 7 月至今一直维持在 0. 35% 的水平，政策调控空间有限。为了维持合理的流动性，缓解银行系统的流动性紧缺以及经济增长放缓等问题，从 2013 年开始中国人民银行陆续实施了常备借贷便利、中期借贷便利和抵押补充贷款等创新型货币政策。那么在人民币离岸市场不断发展的同时，创新型货币政策的工具实施效果如何？香港离岸市场对创新型货币政策又有何影响？

在此背景下，首先，本书系统研究了经济政策不确定性以及金融市场不完全性下货币冲击对汇率波动的影响。其次，研究了外部约束以及人民币离岸市场对我国货币政策有效性的影响机理并进行了实证检验和政策模拟。通过对上述问题的研究，有助于在新的国际国内环境下对当前以及未来一段时期，汇率波动面临的风险进行有效判断和识别。尤其是人民币离岸市场的建立是我国资本开放过程中的重要一环。研究人民币离岸市场对我国货币政策效果的影响，将为我国资本市场全面开放积累经验，在资本市场不断开放的同时保持货币政策的有效性，提高货币政策调控效果。从而在新的世界经济环境下，进一步完善国际国内双循环运行机制，保持我国经济平稳健康发展。

1.2　主要研究内容

人民币汇率风险的主要来源是经济政策的不确定性和香港人民币汇率与在岸汇率联动性风险。本书首先分析了经济政策不确定性对汇率风险的影响，其次研究了香港人民币离岸市场与在岸市场间的风险传递性，进而研究了我国货币政策对汇率波动的影响。在此基础上研究了人民币离岸与在岸市场联动下我国货币政策的有效性。其中包括常规货币政策的有效性和创新型货币政策的有效性。

（1）基于 GARCHSK 模型研究表明人民币在岸和离岸汇率不同阶矩风险存在差异性，具体表现为人民币在岸汇率二阶矩风险小于离岸市场，而三阶矩和四阶矩风险则大于离岸汇率。采用格兰杰因果检验和滚动相关分析得出：人民币离岸和在岸汇率一阶矩存在正向的相互影响，即离岸（在岸）一阶矩历史数据均有助于预测在岸（离岸）的汇率走势。人民币离岸汇率二阶矩和三阶矩风险对在岸汇率格兰杰因果检验显著且滚动相关系数为负，即离岸二阶矩和三阶矩风险历史数据有助于预测在岸相应阶矩风险走势，反之则不成立。人民币离岸和在岸四阶矩不存在相互影响，但存在正相关性。

（2）构建了包括汇率预期和经济政策不确定性的实证模型，采用EGARCH 模型检验了经济政策不确定性对人民币汇率的影响，结果表明：首先，一国经济政策不确定性上升将导致该国货币贬值。其中欧盟、英国、日本和美国经济政策不确定性对人民币兑该国货币汇率有显著影响；中国经济政策不确定性对人民币兑欧元和英镑汇率有显著影响，而对人民币兑日元和美元汇率影响不显著。其次，经济政策不确定性增加将导致人民币汇率波动性风险上升。其中英国和日本经济政策不确定性对人民币兑英镑和日元汇率波动性风险影响显著，中国经济政策不确定性对人民币兑美元汇率波动性风险有显著影响。

（3）首先，对我国货币政策面临的外部约束变量进行分析，将国际原油价格、美国联邦基金利率和美国 GDP 作为我国货币政策的外部环境约束变量。其次，采用 VARX 模型分析了外部约束下汇率、货币冲击对国内物价影响，结果表明：PPI 及 CPI 对实际有效汇率（REER）的冲击响应为负，表明人民币汇率上升对国内价格存在反向抑制作用。CPI 的波动主要受其自身的影响即 CPI 存在较高的价格黏性，而 PPI 的价格黏性则较低。PPI 和 CPI 对利率（r）的冲击响应大于 REER 并且 r^* 在 PPI 及 CPI 方差分解中占比大于 REER，说明货币政策可以有效应对汇率波动对物价的冲击。

（4）香港人民币离岸市场通过汇率机制和利率机制影响内地货币供应量和利率水平，进而影响我国货币政策效果。通过构建 VAR 模型并模拟，对比分析不同情景下创新型货币政策效果，研究表明：第一，创新型货币政策实施初期，由于套汇套利行为引发的跨境资金流动影响了货币政策实施效果，甚至导致政策目标变量波动方向与理论预期相反的结果。第二，对不同情景的模拟表明，未包括香港人民币离岸市场情景下的模拟政策目标变量波动幅度均低于实际数据，而包括香港人民币离岸市场的模拟结果则更接近于实际数据。其政策含义为，未考虑资本漏出影响下的货币政策预期将低估经济的波动性，从而降低货币政策实施效果。

1.3 研究方法

本书对汇率风险及货币政策有效性进行定性分析。汇率风险方面主要从风险来源及概率分布两个角度进行了分析研究，货币政策有效性方面，侧重研究了外部约束下常规货币政策的效果，离岸在岸汇率联动下创新型货币政策效果的影响机制。

（1）定性分析与理论归纳相结合。本书在对相关理论进行系统分析的基础上，采用理论归纳法研究人民币汇率波动的影响因素，在此基础上进行归纳总结和理论抽象提升逐层深入分析汇率波动对我国货币政策的影响。通过上述理论分析建立起汇率对我国货币政策有效性的理论分析框架，为后续构建数理模型检验和政策模拟的有效性奠定理论依据。

（2）实证检验与政策模拟相结合。本书综合运用面板模型、结构方程模型、TVP-VAR等计量模型对数字金融促进山东省实体经济发展的作用进行全面实证检验。基于实证模型，在各种不同假定情景下对提升政策效果的路径进行政策模拟，进而获得最优政策路径，提升政策预期效果，为相关的政策选择提供参考依据。

1.4 本书创新点

（1）本书从多个角度系统梳理了汇率风险的来源，主要包括人民币离岸与在岸汇率，金融市场不完全性、经济政策不确定性等对人民币汇率的影响机理及传导机制。在此基础上进一步深入研究了人民币汇率波动，尤其是人民币离岸市场对我国货币政策有效性的影响机制。

（2）实证检验与政策模拟相结合。本书综合运用协整、GARCH、SVAR等计量模型多视角实证检验了人民币汇率波动影响因素及其对我国货币政策的影响作用。基于实证模型，在各种不同假定情景下对提升政策效果的路径进行政策模拟，进而获得最优政策路径，提升政策预期效果，为相关的政策选择提供参考依据。

|第 2 章|

汇率与货币政策理论

本章系统阐述货币政策与理论波动之间的相互作用关系及机制的相关理论，主要包括 IS-LM-BP 模型和利率平价理论等。IS-LM-BP 模型主要考虑了资本是否完全流动情况下的汇率波动及货币政策有效性。利率平价理论则主要介绍了抛补利率平价理论和非抛补利率平价理论。

2.1 蒙代尔－弗莱明模型

2.1.1 资本完全流动下 IS-LM-BP 模型

蒙代尔（Mundell，1963）研究了固定汇率制度下汇率与货币政策之间的相互关系，弗莱明（Fleming，1962）则阐述了浮动汇率制度下的汇率与货币政策之间的协调关系。后继研究者将蒙代尔和弗莱明的研究成果命名为蒙代尔－弗莱明模型。该模型以凯恩斯的IS-LM模型为基础，考虑了国际收支情况下的外汇市场、产品市场、货币市场同时实现均衡的相互作用机制和决定条件，因而该模型亦称为IS-LM-BP模型。IS-LM-BP模型的关键假设是引入了国际资本自由流动，进而对比分析了，不同汇率制度下货币政策与财政政策的效果。该模型奠定了开放经济条件下宏观经济政策分析的基础。

经典IS-LM-BP模型的基本理论假设有：第一，资本在国际是可以完全自由流动的；第二，国内外物价水平保持不变；第三，总供给曲线具有完全弹性，即随着总需求的改变，一国的产品总供给可以迅速做出调整；第四，经常项目的均衡依赖于实际汇率而非名义汇率决定；第五，汇率预期为常数，即公众对汇率波动的期望等于0。

IS-LM-BP模型同时考虑了产品市场、货币市场和国际收支的均衡情况，其方程表达式分别为：

IS 曲线： $$y = h(r, y) + t(y, y^*, ep^*/p) \tag{2.1}$$

LM 曲线： $$m_d = m_s = p \times l(y, r) \tag{2.2}$$

BP 曲线： $$r = r^* \tag{2.3}$$

模型中y、r、p分别代表本国的总产出、利率以及价格水平；y^*、r^*、p^*分别代表国外总产出、利率以及价格水平；e代表直接标价法的名义利率；m_d和m_s分别代表名义的货币需求和货币供给数量。IS曲线代表了产品市场均衡条件，LM曲线代表了货币市场均衡条件，BP曲线则代表了外汇市场均衡条件。

图2.1表示的是资本完全流动情况下的IS-LM-BP模型。此时均衡利率$i = i^*$，BP曲线是一条与横轴平行的直线。在固定汇率制度下，央行施行扩张性的货币政策使得LM曲线从LM_0向右移动到LM_1，此时利率下降导致资本外流和本币贬值。央行为了保持汇率不变，则会加大外汇投放力度，即买入本币卖出外币，从而导致LM曲线向左移动到初始位置LM_0。因而此时货币政策无法有效促进产出增加。在浮动汇率制度下，央行实施扩张性的货币政策将使得LM曲线从LM_0向右移动到LM_1，此时利率下降导致资本外流和

本币贬值，进而促进出口增加和本国产出增加即 IS 曲线从 IS_0 向右移动到 IS_1。最终使得产出增加，可以看出浮动汇率下货币政策更有效。

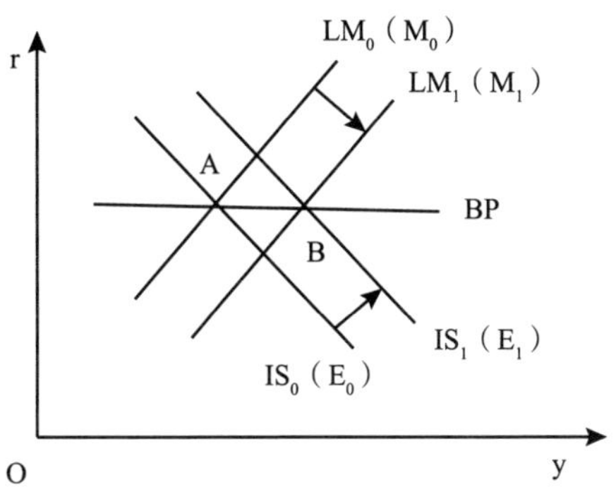

图 2.1　资本完全流动下 IS-LM-BP 模型

由于经典的 IS-LM-BP 模型的一些假设过于严格而与实际状况有较大差距，例如，资本的完全自由流动、商品价格的刚性以及汇率预期波动为 0 等。因此，后续研究人员在该模型的基础上，逐渐放宽相关假设条件，得到更具一般性的结论。

2.1.2　资本有限流动下 IS-LM-BP 模型

由于现实中资本完全流动的假设不能满足，因而人们对该模型进行了修正，得到有限资本流动和完全不流动情况下的 IS-LM-BP 模型。在资本是有限流动的假设情况下，一国的国际收支状况会同时受到资本项目和经常项目收支的影响。因此，BP 曲线的形态为斜率为正值的一条直线。其斜率的大小受该国资本自由流动程度的影响，资本的自由流动程度越高，则 BP 曲线斜率越小即越平缓。如果在完全固定汇率制度情况下，一国的经济增长则会导致进口产品增加，进而使经常项目出现逆差。因而该国需要通过提高本国利率方式导致资本流入，进而增加资本项目盈余弥补经常项目的逆差。

在固定汇率制度下，依据 IS-LM-BP 模型，一国增加货币供给的传导机制为 M/P↑→LM 曲线右移→r↓→F↑→E↑（本币贬值），为了维持固定汇率制度，本国央行则会增大本币购买力度，进而导致 LM 曲线左移回到政策实施的初始位置。然而据有限资本流动汇率制度下 IS-LM-BP 模型，一国增加货币供给的传导机制为 M/P↑→LM 曲线右移→r↓→F↑→E↑（本币贬值）→NX↑→IS 曲线右移→BP 曲线右移 Y↑。这说明货币供给的增加会使 LM 曲线右移，进而导致利率下降和资本外流上升，大量资本外流会使得本币贬值，本币贬值又会导致出口增加，进而 IS 曲线和 BP 曲线右移，最终会产出增加（见图 2.2）。综上可知，在固定汇率制度下，一国的货币政策失去了独立性进而导致其政策失效；在有限资本流动汇率制度下，货币政策与汇率政策则存在协调一致性，进而货币政策有效。

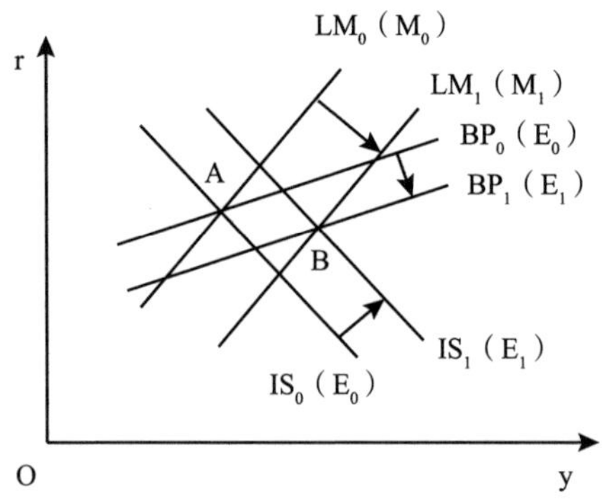

图 2.2　资本有限流动下 IS-LM-BP 模型

2.1.3　资本完全不流动下 IS-LM-BP 模型

在资本完全不流动的假设条件下，BP 曲线是一条与横轴垂直的直线（见图 2.3）。此时，一国央行实施扩张性的货币政策，则会导致 LM 曲线从 LM_0 向右移动到 LM_1。进而导致产出增加和本币贬值。央行为了维持汇率稳定，则会采取买入本币的同时卖出外币，进而导致 LM 曲线向左移动到初始位置 LM_0。同样，当资本是完全不流动的假设下，固定的汇率制度依然导致货币政策的失效。然而在浮动汇率制度下，扩张性的货币政策在增加产出的同时导致本币贬值，即 IS 曲线向右上方移动和 BP 曲线向右平移。此时，扩张性的货币政策的实施有效增加了产出。

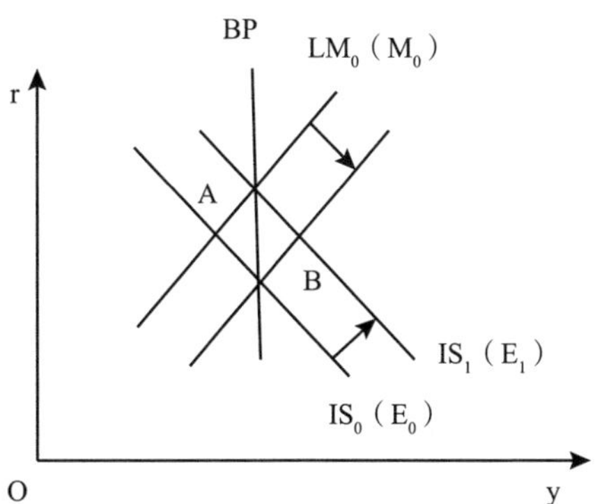

图 2.3 资本完全不流动下 IS-LM-BP 模型

综上分析可知，资本市场的流动性程度并非货币政策有效性与否的关键条件，汇率制度则是决定货币政策有效性与否的重要因素。在固定汇率制度下，无论资本市场是否有效流动，货币政策都是无效的。而在浮动汇率制度下，央行不必保持汇率不变，货币政策效果较为显著。在 IS-LM-BP 模型基础上，克鲁格曼则提出一国不能同时保持汇率稳定、货币政策独立和资本完全流动，只能保证其中两个成立，这即为著名的三元悖论。

2.2 利率平价理论

与 IS-LM-BP 模型不同，利率平价理论从金融视角角度研究了汇率与利率之间的关系。其认为现代经济中，开放经济体的金融市场之间有着密切关联，资本可以自由地在各个金融市场流动。利率平价理论认为，由于各国的利率水平存在差异，投资者可以通过在不同金融市场之间进行套利，这一过程将导致不同国家的汇率和利率不断进行调整并最终趋于均衡状态。其基本思想为：一国的远期均衡的汇率水平与利率平价相关联。当远期汇率偏离均衡水平时，在利率平价的影响下其最终将回归均衡汇率水平。当远期汇率的均衡水平与即期汇率存在差异时，表现为远期汇率的贴水或升水。后继研究者依据是否进行远期汇率的套期保值以规避汇率风险为标准，将利率平价理论分为抛补的利率平价理论和无抛补的利率平价理论。抛补的利率平价理论建立在远期汇率与即期汇率间的相互关系基础上，而无抛补利率平价理论则建立在汇率预期波动的基础上。

2.2.1 抛补的利率平价理论

依据抛补的利率平价理论，投资者可以在外汇远期市场上进行掉期交易，进而锁定未来汇率水平，规避未来汇率波动风险。具体的操作方法为：假设投资者将一单位资金存储为一年期的定期存款，在没有国际资本流动成本的情况下，其将投资于收益更高的金融市场。假设本国和国外的金融市场分别为 A 和 B，金融市场 A 的利率为 i，金融市场 B 的利率为 i^*，直接标价法的即期汇率为 e。如果投资于本国金融市场 A，则一年后到期的收益为 $1+i$。如果投资于国外的金融市场 B，则投资者首先需要按照即期汇率 e 兑换成 $1/e$ 单位外币，进而再投资于金融市场 B。一年之后以外币表示的到期收益为 $(1+i^*)/e$，再按照当时的即期汇率 fe 兑换成本币的收益为 $(1+i^*)fe/e$。然而未来的即期汇率存在较高的不确定性，因此其未来的收益有较高的汇率风险暴露。

投资者如果想要规避未来汇率的不确定性风险，则需要购买一份一年后到期的远期汇率合约，固定一年后的汇率水平为 f。投资者可以按照汇率 f 在一年后将受益兑换成本国货币为 $(1+i^*)f/e$，此时不存在汇率波动性风险。在信息是及时有效的情况下，如果 $1+i<(1+i^*)f/e$，投资者会投资于金融市场 B，反之则投资于金融市场 A；当 $1+i=(1+i^*)f/e$ 时则处于均衡状态，投资于金融市场 A 或 B 没有差异。在 $1+i<(1+i^*)f/e$ 的情况下，随着投资者不断买入外币和卖出本币，将资金投资于金融市场 B，将导致本币即期汇率贬值（e 上升）和远期汇率升值（f 下降），投资者的收益则会逐渐下降。随着这一过程的进行，最终当投资于金融市场 A 或 B 的收益相等时，市场实现均衡状态。综上可知，当投资者通过远期抛补的方法交易时，市场利率和

汇率在均衡状态下的关系为 $1+i=(1+i^{*})f/e$，经过恒等变换整理可以得到 $f/e=(1+i)/(1+i^{*})$。设 $\rho=(f-e)/e$ 代表即期汇率与远期汇率之间的升水或贴水率，代入均衡条件可以得到 $\rho+\rho i^{*}=i-i^{*}$。当 ρ 和 i^{*} 的数值都很小时，其乘积 ρi^{*} 接近于 0。据此可以把抛补的利率平价写成更简洁的一般式 $\rho=i-i^{*}$。

一般情况下，抛补的套利是不存在市场风险的。通过大量的跨境无风险套利投机行为，最终导致抛补利率平价理论的成立。在实际经济活动中，抛补利率平价理论有较强的应用价值。大型银行和投资机构在进行外汇交易时，确定远期汇率的升水或贴水额度参考的依据则是各国之间的利差。当然，由于现实中影响汇率波动的风险因素众多，如汇率管制和交易成本等因素，因而可能出现利率平价理论与实际汇率波动相偏离的情况。

2.2.2 非抛补利率平价理论

在假定资本可以在国际完全自由流动的情况下，投资者可以将资本投资于本国金融市场也可以投资国外金融市场。用 r 代表本国国内以本币标价的某种资产收益率，r^{*} 代表以外币标价的国外类似资产的收益率，S 代表直接标价法的即期汇率，S^{e} 代表一年之后的即期汇率水平。在投资人是风险中性的情况下，类似于抛补利率平价理论，可以得到：如果 $1+r>(1+r^{*})S^{e}/S$，投资者会投资于本国金融市场，反之则投资于国外金融市场；在 $1+r=(1+r^{*})S^{e}/S$ 时，投资者投资于国内和国外没有差异，市场达到均衡状态。

在不考虑进行远期交易情景下，投资者将对未来即期汇率的预期作为投资收益的计算依据。假设投资者预期一年后的即期汇率为 $E(e_{f})$，类似于抛补利率平价理论，可以得出非抛补套利均衡条件为 $E(\rho)=i-i^{*}$，其中 $E(\rho)$ 代表预期的远期汇率波动率。该式的经济内涵为：远期汇率的期望波动率取决于国内利率与国外利率的差值大小。在非抛补利率平价理论成立的情况下，当国内利率比国外利率高时，则本币的预期汇率贬值；当央行实施紧缩货币政策提高国内利率时，在预期即期汇率不变的情况下，本币即期汇率将会升值。

非抛补利率平价理论假定投资者是风险中性的，然而经济理论将投资者分成风险厌恶者、风险偏好者和风险中性者三个类型。因而理论上投资者在承担一定风险的情景下，可以依据对将来即期汇率的预期测算套利收益。对于期望收益相等而风险不同的两种不同的风险资产，风险厌恶的投资者会购买风险低的资产，风险中立投资者则购买哪一种资产没有差异，风险偏好投资者则更倾向于购买风险更高的资产。

第3章

人民币在岸与离岸汇率风险溢出效应研究*

本章基于 GARCHSK 模型研究表明人民币在岸与离岸汇率不同阶矩风险存在差异性，具体表现为人民币在岸汇率二阶矩风险小于离岸市场，而三阶矩和四阶矩风险则大于离岸汇率。采用格兰杰因果检验和滚动相关分析得出：人民币离岸和在岸汇率一阶矩存在正向的相互影响，即离岸（在岸）一阶矩历史数据均有助于预测在岸（离岸）的汇率走势。人民币离岸汇率二阶矩和三阶矩风险对在岸汇率格兰杰因果检验显著且滚动相关系数为负，即离岸二阶矩和三阶矩风险历史数据有助于预测在岸相应阶矩风险走势，反之则不成立。人民币离岸和在岸四阶矩不存在相互影响，但存在正相关性。

---

* 本章内容发表在：秦伟广，安辉，邹千邈．人民币在岸－离岸汇率风险溢出效应研究［J］．区域金融研究，2020（9）：13－19。

3.1 引　言

自2010年7月香港离岸人民币市场正式成立以来，逐渐形成了以香港报价为核心的离岸人民币价格。根据“一价定律”，同一货币在不同市场存在不同价格，理论上会驱动套利行为直至价格相等，然而人民币在岸与离岸价格却并不相同。2015年8月11日汇改后，人民币离岸市场更加活跃，离岸与在岸汇率走势产生较大偏离。尤其在汇率贬值预期增强情况下，离岸投机势力大举做空人民币，离岸与在岸汇差进一步加剧。2017年初，央行为稳定市场、抬高离岸利率以抽干流动性，离岸汇率暴涨，汇差再次拉开，但此次出现了汇率倒挂。

人民币在岸与离岸汇率波动性差异表明其市场风险的不一致性。以往关于人民币在岸与离岸市场风险的研究，更多侧重于方差（二阶矩）风险视角，而波动的“非对称性”及“尖锋厚尾”高阶矩风险特征并未得到有效揭示。因此深入分析人民币在岸与离岸市场风险差异，尤其是高阶矩风险特征，将进一步完善人民币在岸与离岸市场的分析框架，更全面地反映人民币在岸与离岸市场的传导机制及风险特征。为合理应对人民币在岸与离岸汇率波动风险，采取措施减小汇差波动带来的冲击，稳步推进人民币汇率形成机制改革提供理论及经验研究支持。

3.2 文献综述

人民币在岸与离岸市场的研究主要集中在影响因素、联动关系等方面，涉及风险的研究较少，尤其是高阶矩风险的研究基本处于空白。

3.2.1 关于人民币在岸与离岸汇差影响因素的研究

人民币离岸市场交易受中国经济发展状况、金融发展水平、证券市场资本化程度的影响（Cheung and Yiu，2017）。离岸和在岸市场的流动性和风险偏好差异是人民币汇率偏离的重要因素，全球避险情绪的提高和投资者的关注增大了人民币汇差的波动（Funke et al.，2015；尹力博、李勍，2017）。人民币升值预期和境内外利差扩大会促使人民币离岸和在岸汇差扩大，汇差的存在会导致套利交易，并且基于汇差的套汇机制持续时间长，而基于人民币升贬值预期的套汇机制持续时间短，影响力弱（陈丽、甄峰，2017；郭敏、贾君怡，2016）。此外，境内外人民币汇率差异具有自动收敛机制，当在岸－离岸汇差小于门限值时，市场重建长期均衡关系速度较快，反之则人民币汇率失衡严重（王芳等，2016；朱孟楠、张雪鹿，2015）。

3.2.2 关于人民币汇率联动关系的研究

已有众多研究表明，人民币在岸与离岸市场存在着强烈的相关关系且具有时变性，离岸市场更有效率，对在岸市场有引导和预测作用（Shu et al.，2015；Xu et al.，2017；石建勋、孙亮，2017）。奥永等（Owyong et al.，2015）则研究证明在岸与离岸市场存在长期均衡关系。吴恒煜等（2016）运用藤 Copula 分析框架探讨了不同人民币汇率市场之间的非线性相依结构，研究表明采用 t-Copula 的藤结构，能够较好捕捉人民币汇市之间的相依结构。麦勇、陈欢（2016）对人民币与全球主要货币的汇率实证研究表明，以人民币、美元等货币为核心的板块联动溢出效应最为显著。张国富等（2015）则认为人民币对欧元的汇率是中心汇率，即一篮子货币汇率的决定很大程度上依赖于人民币对欧元的汇率。洛歇尔等（Löchel et al.，2016）研究得出人民币汇率预期对离岸国债收益率的影响更大，在岸债券收益对离岸存在溢出效应。

3.2.3 关于高阶矩风险的研究

“波动率反馈”效应和“利空信息揭示”效应会同时引起偏度和峰度风险，是高阶矩风险的主要产生机制，并且条件高阶矩序列表现出时变和波动聚集的特征（方立兵、曾勇，2016；史代敏等，2017）。郑振龙、郑国忠

(2017) 则研究证明市场情绪和异质信念是各高阶矩风险溢酬的主要影响因素。蒋翠侠、张世英(2009)研究了金融高阶矩风险在世界、地区和单个市场之间的溢出效应并将三阶矩风险溢出效应推广到四阶矩风险溢出效应的研究。此外已有研究证明,考虑高阶矩的策略、模型能够更有效降低高阶矩风险和提高投资收益(迟国泰等,2012;崔媛媛等,2011)。

已有涉及人民币汇率的研究,重点研究了人民币在岸与离岸汇率的长期变动趋势及短期波动特征。然而对人民币在岸、离岸汇率的风险溢出效应,尤其是高阶矩风险溢出的研究基本处于空白。研究人民币在岸与离岸汇率风险溢出机理,将进一步丰富人民币汇率风险的内涵,有助于揭示人民币汇率波动差异性以及相互作用关系。

3.3 人民币在岸与离岸汇率联动渠道分析与模型设定

3.3.1 人民币在岸与离岸汇率风险溢出效应机理分析

人民币在岸与离岸汇率风险溢出渠道主要包括套利渠道和汇率渠道。通过套利渠道和汇率渠道导致人民币离岸和在岸汇率联动,进而使得汇率风险在离岸和在岸产生汇率溢出效应。

3.3.1.1 套利渠道

套利的主要途径为:如果离岸人民币贷款和存款利率低于在岸贷款和存款利率,则境内机构可以从离岸市场获得人民币(主要包括申请贷款、同业拆入和发行债券等)。同时将在离岸市场获得的人民币转移到在岸市场(主要手段包括人民币跨境贸易结算、FDI 等),进而使得在岸人民币存款上升。直到离岸市场贷款和存款利率上升,离岸和在岸利差低于交易费用时,套利过程则结束。反之,如果在岸贷款和存款利率高于离岸市场,人民币则会出现反向流动，直到利差低于交易费用为止。

3.3.1.2 套汇渠道

居民个人可以通过携带现金或汇款等方式在两地转移人民币资金，并利用两地外汇零售市场的汇率差异套汇，由于居民个人受到汇款和携带现金数量的限额影响，其规模相对较小。相对于居民个人而言，企业套汇的规模则更大。如果离岸人民币汇率高于在岸市场，则境外企业可以采取人民币跨境结算以及人民币贷款等方式获得人民币，并且在离岸市场将人民币兑换为外币，进而通过在岸市场进行结汇。国内企业则可以采用人民币跨境贸易结算，通过人民币对外直接投资（ODI）等方式把人民币转移到香港离岸市场兑换外币，进而再转为在岸市场结汇。反之，如果人民币在岸汇率高于离岸汇率，则企业可以采用相反操作进行套汇。

3.3.2 模型设定与数据选取

本书首先构建模型对人民币在岸与离岸汇率的高阶矩进行拟合并提取相关数据，进而系统研究人民币在岸与离岸市场风险溢出效应，尤其是三阶矩（偏度）、四阶矩（峰度）等高阶矩风险溢出效应。偏度以及峰度等高阶矩度量信息，反映了金融市场中资产收益率分布的状况。一般情况下，偏度为负，说明收益率的分布左侧尾部出现极小值的概率大于右侧尾部出现极大值的概率，即左尾厚度大于右尾；反之，则右尾厚度大于左尾。峰度则度量了收益率数据的集中程度，峰度系数等于 3，则为正态分布，小于 3 为平峰分布即比正态分布更为分散，大于 3 为尖峰分布即比正态分布更为集中，但尾部风险更大。因此，一般而言，投资者更喜欢偏度为正的资产，而厌恶峰度较高的资产。

已有研究表明一阶 GARCH 模型可以较好地刻画数据的波动特征，因此本书选取 GARCHSK（1，1；1，1；1，1）模型，其定义如式（3.1）所示。式（3.1）中 D(·) 为含有偏度和峰度参数的某一给定分布函数，s_t^* 为 η_t 的条件偏度，k_t^* 为 η_t 的条件峰度。

$$
\begin{cases}
r_t = \mu + \varepsilon_t,\ \varepsilon_t \mid I_{t-1} \sim D(0,\ 1,\ s_t,\ k_t) \\
\eta_t = h_t^{-\frac{1}{2}} \varepsilon_t,\ \eta_t \mid I_{t-1} \sim D(0,\ 1,\ s_t^*,\ k_t^*) \\
h_t = \beta_0 + \beta_1 \eta_{t-1}^2 + \beta_2 h_{t-1} \\
s_t = \gamma_1 \eta_{t-1}^3 + \gamma_2 s_{t-1} \\
k_t = \delta_0 + \delta_1 \eta_{t-1}^4 + \delta_2 k_{t-1}
\end{cases}
\tag{3.1}
$$

2015 年 8 月 11 日，我国实施了人民币汇率形成机制改革（简称“8·11 汇改”），为了全面反映“8·11 汇改”前后人民币在岸与离岸汇率的高阶矩风险状况和鉴于数据的可得性，本书选用 2012 年 5 月至 2018 年 2 月期间的人民币兑美元汇率收盘价数据进行分析。在境外人民币市场中，香港人民币离岸市场具有很强的代表性，因而离岸市场选取香港人民币离岸汇率进行研究。人民币兑美元汇率采用直接标价法，因此汇率上升表明人民币贬值；反之，则为人民币升值。在对原始数据的整理时，将非共同日的交易数据删除，提高在岸与离岸市场的可比性，在此基础上对所有取对数并求差分进而得到对数收益率。

3.4 模型估计

在人民币在岸、离岸统计表（见表 3.1）中，CNY 与 CNH 的均值均为 0，表明在岸和离岸汇率并无趋势效应。CNY 的最大值 0.008，最小值 -0.005，波动幅度小于 CNH 的 0.013 ~0.006 区间。CNY 与 CNH 的偏度分别为 0.755 和 0.992，而峰度分别为 20.006 和 29.797，并且 JB 检验 p 值小于 0.05，拒绝正态分布假设，表明人民币在岸和离岸市场存在偏度和峰度风险。

表 3.1　　人民币在岸与离岸汇率统计

市场	均值	中位数	最大值	最小值	标准差	偏度	峰度	JB 的 p 值
CNY	0.000	0.000	0.008	-0.005	0.001	0.755	20.006	0.000
CNH	0.000	0.000	0.013	-0.006	0.001	0.992	29.797	0.000

为了检验 GARCHSK 模型拟合的效果，本书分别采用 GARCH（1，1）、EGARCH（1，1）和 GARCHSK（1，1；1，1；1，1）模型进行拟合并对比，结果如表 3.2 所示。依据模型的拟合结果可知，人民币在岸、离岸汇率 GARCHSK 模型的 LL（log likelihood）值分别为 22942.31 和 21626.39，均显著大于 GARCH 模型及 EGARCH 模型，而人民币在岸、离岸汇率 GARCHSK 模型的 AIC、SC 值分别为 -32.48、-32.44 和 -30.62、-30.58，显著小于 GARCH 模型及 EGARCH 模型。这表明包含偏度及峰度高阶矩信息的 GARCHSK 模型能够更好地刻画人民币在岸、离岸汇率数据的波动及高阶矩风险。

表 3.2　　GARCH 模型对比分析

模型	CNY			CNH		
	LL	AIC	SC	LL	AIC	SC
GARCH	8332.86	-11.79	-11.79	7893.58	-11.18	-11.17
EGARCH	8323.49	-11.78	-11.77	8013.67	-11.35	-11.33
GARCHSK	22942.31	-32.48	-32.44	21626.39	-30.62	-30.58

依据 GARCHSK（1，1；1，1；1，1）模型分别对人民币在岸、离岸汇率数据进行参数估计（见表 3.3），从结果中可以看出人民币在岸和离岸汇率的条件偏度及条件峰度系数的 p 值小于 0.05（CNY 的 γ_2 系数除外），说明人民币在岸及离岸汇率均存在高阶矩风险。

表 3.3　　GARCHSK 模型参数估计

方程	参数名	CNY		CNH	
		参数值	p 值	参数值	p 值
均值方程	μ	0.01	0.00	0.01	0.00
方差方程	β_0	0.00	0.00	1.42×10^{-3}	0.00
	β_1	0.10	0.00	0.08	0.00
	β_2	0.09	0.00	0.07	0.00

续表

方程	参数名	CNY		CNH	
		参数值	p 值	参数值	p 值
偏度方程	γ_0	-4.32×10^{-6}	0.00	-6.48×10^{-6}	0.00
	γ_1	8.47×10^{-3}	0.00	0.01	0.00
	γ_2	-6.26×10^{-3}	0.97	-0.01	0.00
峰度方程	δ_0	-1.01×10^{-4}	0.00	-1.14×10^{-4}	0.00
	δ_1	-2.2×10^{-3}	0.00	-1.41×10^{-2}	0.00
	δ_2	-3.22×10^{-3}	0.00	0.01	0.00

依据 GARCHSK（1，1；1，1；1，1）模型对人民币在岸、离岸汇率进行拟合，并提取条件方差、条件偏度、条件峰度数据如图 3.1 ~ 图 3.3 所示。

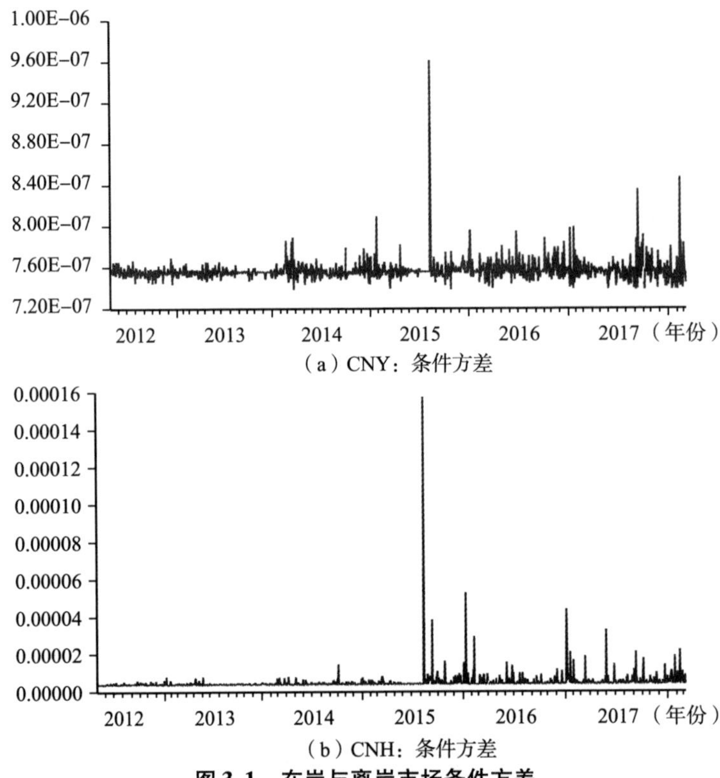

（a）CNY：条件方差

（b）CNH：条件方差

图 3.1　在岸与离岸市场条件方差

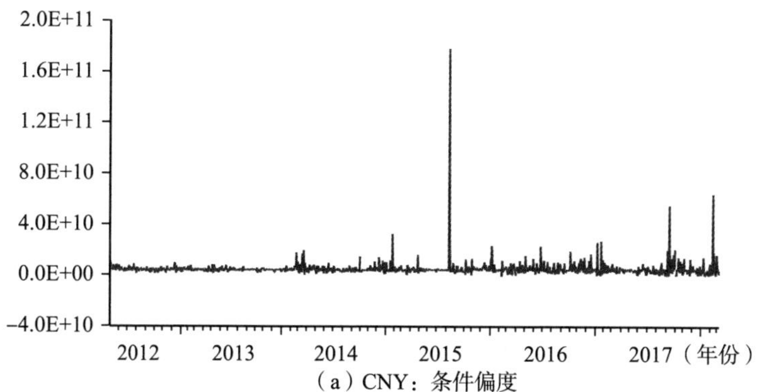

（a）CNY：条件偏度

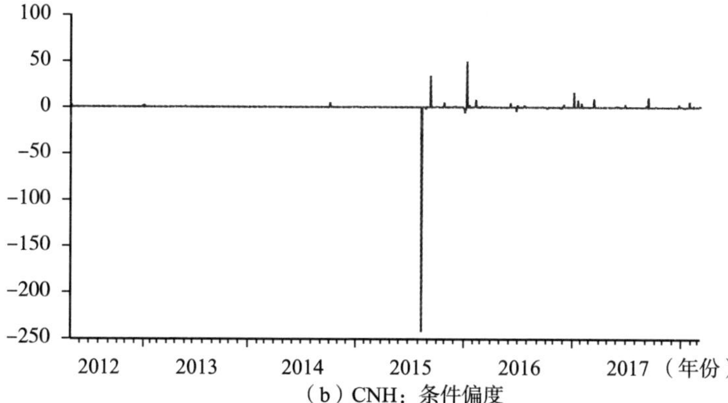

（b）CNH：条件偏度

图 3.2　在岸与离岸市场条件偏度

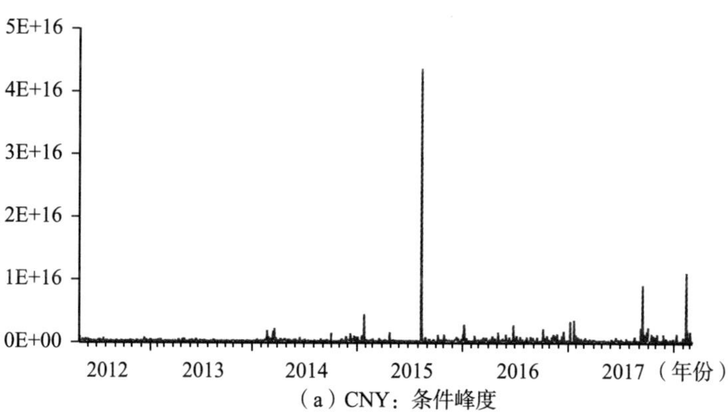

（a）CNY：条件峰度

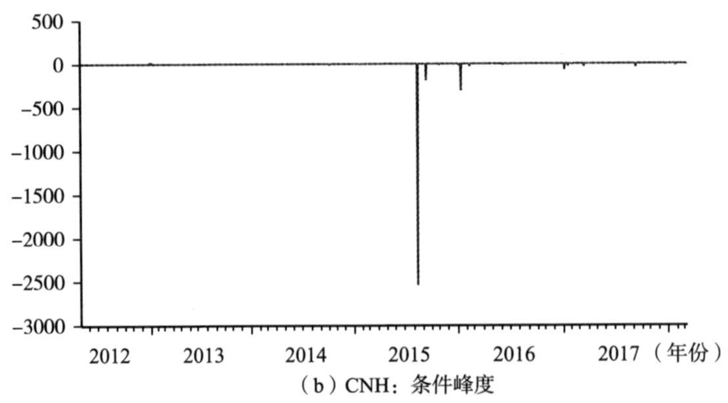

（b）CNH：条件峰度

图 3.3　在岸与离岸市场条件峰度

（1）条件方差方面。人民币离岸汇率比在岸汇率波动更剧烈。由图3.1条件方差的波动情况可以看出，人民币在岸、离岸市场存在明显的波动集聚性，并且离岸市场的波动幅度显著大于在岸市场，即离岸市场对信息的冲击反应更敏感。离岸和在岸市场参与机构存在很大差异，在岸市场主要是以有实际结汇需求的企业和银行为主，而香港离岸市场的参与机构则更加具有多样性，不仅有银行和进出口企业，而且有投行、基金等非银行金融机构。境内外市场参与机构的不同，在一定程度上决定了两个市场对外汇需求弹性和规避风险的差异。境内市场更多的是实际的结汇需求，因而外汇的需求弹性低，风险厌恶程度高。而境外市场非银行金融机构等市场参与主体则更多从全球视角进行多元化投资，当市场收益率出现变化时，这些机构投资者则会将资金从低收益率市场向高收益率市场转移配置。因此离岸市场对信息的反应更敏感，风险厌恶程度相对较低，使得离岸市场汇率波动更剧烈。“8·11 汇改”前后，在岸、离岸汇率都有巨大的波动，表明“8·11 汇改”对人民币汇率市场有着重要影响。汇改后，在岸、离岸市场的条件方差波动幅度都明显上升，表明汇改增强了人民币境内外市场对信息的反应敏感度。

（2）条件偏度方面。在岸市场的条件偏度大于离岸市场。人民币在岸汇率右偏表明人民币贬值的概率较大。“8·11 汇改”期间，在岸市场条件偏度出现极大值，而离岸市场则出现极小值。“8·11 汇改”后人民币境内外市场的偏度均出现上升趋势，并且在岸市场的波动明显大于离岸市场（见图3.2）。信息的冲击会影响投资者对风险的判断，进而对风险补偿的要求提高，增大了利空信息对价格的影响，而抑制了利好消息的作用（French et al.，1987；Jianguo，2007；Pindyck，1984）。2015年美国进入加息进程，人民币贬值预期上升，“8·11汇改”进一步增强了人民币贬值可能性，因此汇改后偏度风险上升。人民币离岸市场是完全自由浮动汇率制度，当国际金融市场动荡剧烈波动时，离岸市场波动幅度增大即二阶矩风险增大，市场信息冲击得到有效释放。在岸市场则受到央行金融稳定的考虑，干预人民币在岸汇率走势。同时由于在岸市场波幅限制，使得利空信息不能得到有效释放而逐渐积累，增大了与新的利空信息同时释放的可能性，因此在岸市场汇率右偏幅度大于离岸市场。

（3）条件峰度方面。在岸市场的条件峰度大于离岸市场。“8·11汇改”前后，人民币在岸和离岸市场条件峰度均出现较大波动，在岸市场出现极大值，而离岸市场则出现极小值。汇改后条件峰度显著上升，并且在岸市场的条件峰度显著大于离岸市场（见图3.3）。这表明在给定信息条件下在岸市场的尾部风险显著高于离岸市场。汇改后，在岸人民币汇率形成机制更加灵活，波幅进一步放宽，但仍旧在央行严格的管理之下。同时在岸由于投资者信息的有限性和有限理性的投资行为，市场信息不能得到有效释放，并且投资者不能对信息做出准确判断，从而使得信息逐渐积累，增大信息同时揭示的可能性，引致峰度风险（Brunnermeier and Abreu，2002；Romer，1993）。

3.5 人民币在岸与离岸汇率风险溢出分析

厘清人民币离岸与在岸汇率之间的风险溢出效应的规律特征，将有助于风险的防控与应对。众所周知，格兰杰因果关系的检验，并非一般意义下的“原因”与“结果”之间的关系，而是基于某一数据序列的历史信息是否有助于提高另一数据序列的预测能力。因此，格兰杰因果关系检验可以用于风险的预测与监控。洪永淼等（2004）研究了高阶矩风险溢出效应，认为可以采用格兰杰因果关系检验风险溢出效应。本书采用格兰杰因果检验方法对 CNH 与 CNY 不同高阶矩风险之间的关系进行检验，研究人民币离岸与在岸汇率风险之间的溢出效应，检验结果如表 3.4 所示。

表 3.4　　CNH 与 CNY 高阶矩格兰杰因果检验

格兰杰检验原假设	F 值	p 值
CNY 不是 CNH 的原因	6.48	0.00
CNH 不是 CNY 的原因	118.37	0.00
CNY 条件方差不是 CNH 条件方差的原因	2.13	0.12
CNH 条件方差不是 CNY 条件方差的原因	14.17	0.00
CNY 条件偏度不是 CNH 条件偏度的原因	0.91	0.40
CNH 条件偏度不是 CNY 条件偏度的原因	6.03	0.00
CNY 条件峰度不是 CNH 条件峰度的原因	0.08	0.92
CNH 条件峰度不是 CNY 条件峰度的原因	0.69	0.50

根据表 3.4 中结果可知，CNY 不是 CNH 的原因所对应的 p 值为 0.00，因此拒绝原假设，表明 CNY 收益率变化是 CNH 变化的原因。同理，CNH 收益率变化也是 CNY 变化的原因。这表明离岸在岸市场人民币汇率的升值或贬值存在相互影响，即离岸场人民币汇率变动的历史信息有助于预测未来人民币在岸汇率的变动；反之，同样成立。结合图 3.4 表明 CNH 与 CNY 收益率滚动相关系数可知，人民币汇率离岸与在岸市场存在正相关关系。这表明人民币离岸（在岸）汇率的升值或贬值使得离岸在岸汇差增大，资金将在离岸在岸市场之间流动，进而导致人民币在岸（离岸）汇率的升值或贬值。

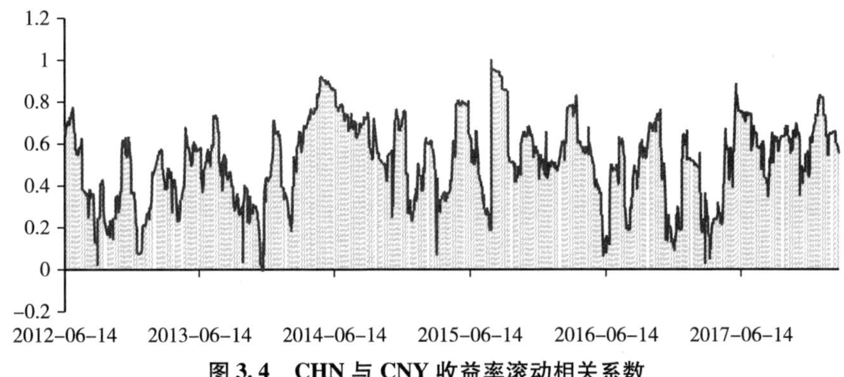

图 3.4　CHN 与 CNY 收益率滚动相关系数

条件方差的格兰杰因果检验表明，CNH 的条件方差是 CNY 的条件方差的原因，而 CNY 的条件方差不是 CNH 条件方差的原因。这表明人民币离岸汇率条件方差的历史信息有助于预测人民币在岸汇率条件方差的走势，即离岸市场的波动风险可以预测在岸市场的波动性风险。结合图 3.5 表明 CNH 条件方差与 CNY 条件方差绝大多数时间为负相关，只有在 2015 年“8 · 11 汇改”前后部分月份出现正相关情形。这表明除极特殊事件的影响之外，人民币离岸市场波动风险的增加，将导致人民币在岸汇率波动风险的下降。出现这种现象的原因在于，当离岸人民币汇率波动剧烈时，出于稳定人民币汇率的需要，央行将会增强对在岸人民币汇率波动的管理，进而导致离岸与在岸汇率条件方差出现负相关。

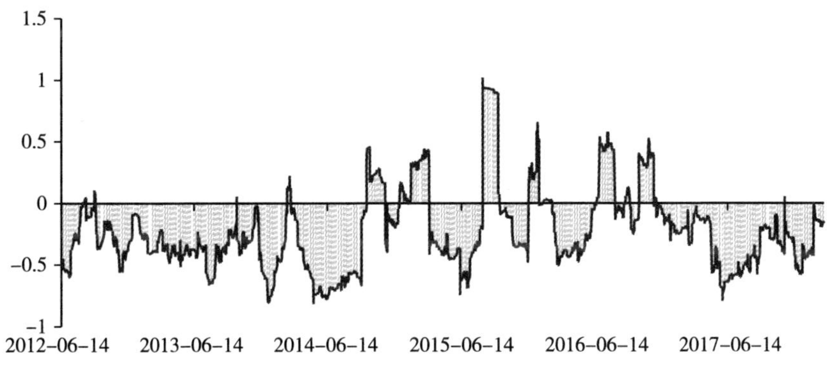

图 3.5　CNH 条件方差与条件 CNY 方差滚动相关系数

条件偏度的格兰杰因果检验表明，CNH 的条件偏度是 CNY 条件偏度的原因，而 CNY 的条件偏度不是 CNH 条件偏度的原因。这表明人民币离岸汇率的条件偏度的历史信息可以预测人民币在岸条件变动的走势，而反之则不成立。图 3.6 表明 CNH 条件偏度系数与 CNY 条件偏度系数滚动相关系数为负，这说明当人民币离岸汇率左偏风险增加时（下跌风险），会有大量人民币流入在岸市场推高人民币岸市场价格，从而使得人民币在岸汇率右偏概率上升。反之，当人民币离岸汇率右偏风险增加时，将吸引大量人民币从在岸市场流向离岸市场，从而导致人民币在岸汇率左偏风险上升。

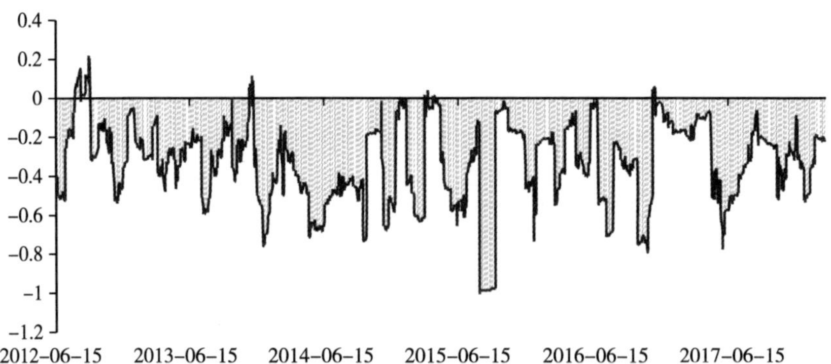

图 3.6　CNH 条件偏度系数与 CNY 条件偏度系数滚动相关系数

条件峰度检验表明 CNH 与 CNY 的条件峰度都不是对方的原因，即人民币离岸与在岸汇率条件峰度的历史信息均不能预测另一市场的未来条件峰度走势。尽管人民币离岸与在岸汇率不存在格兰杰因果关系，但其也有一定的相关性。图 3.7 表明除 2015 年“8·11 汇改”前后之外，CNH 条件峰度系数与 CNY 条件峰度系数绝大部分情况下为正相关。这说明人民币离岸汇率和在岸汇率极端市场风险概率存在同时上升（下降）的情况。

由于离岸、在岸市场参与主体的差异，离岸市场参与机构出于投机套利需求，其有更高的积极性获取信息并及时做出反应，通过离岸汇率的波动使得相关信息冲击得到了较为充分的释放。在岸市场则由于市场机制和参与主体多为实际结汇需求，使得在岸汇率并不能全面反映国际金融市场的状况，

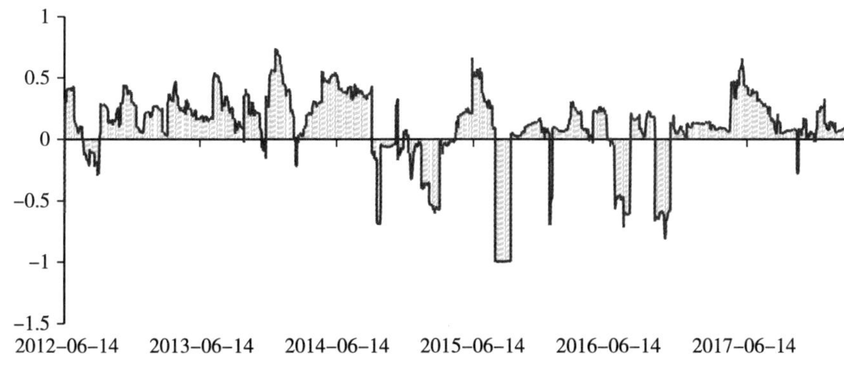

图 3.7　CNH 峰度系数与 CNY 峰度系数滚动相关

因而使得信息逐渐积累，增大了峰度风险爆发的可能性。当国际金融市场出现较大动荡时，出于避险需求，多数投资者会将资金从高风险市场向低风险市场配置。人民币在岸市场的波动幅度远小于离岸市场，因此当国际金融市场大幅波动时，投资者会将资金从离岸转向在岸市场，使得在岸市场风险进一步累积，增大在岸市场的峰度风险。

3.6　本章小结

本章在构建高阶矩风险模型的基础上，提取人民币在岸、离岸汇率高阶矩数据，并对人民币汇率风险溢出进行了研究。研究表明人民币在岸、离岸汇率风险存在溢出效应，但不同阶矩风险等级的溢出的机制及传导方向存在差异性。

首先，人民币在岸、离岸汇率均存在高阶矩风险。人民币在岸汇率条件方差小于离岸市场，而在岸汇率的条件偏度和条件峰度则大于离岸市场，揭示了人民币在岸汇率高阶矩风险大于离岸市场。这表明，尽管我国实行管理浮动的汇率制度，可以相对有效的控制汇率的波动幅度即二阶矩风险。然而管理浮动汇率制度，在一定程度上可能导致在岸人民币汇率不能及时有效地反映市场的真实信息状况。从而使得信息累积，引发偏度、峰度等高阶矩风险增大。

其次，人民币在岸、离岸汇率不同阶矩风险溢出效应存在差异性。人民币在岸、离岸一阶矩汇率风险存在相互溢出效应，表现为离岸和在岸人民币汇率同时升值和贬值。二阶矩和三阶矩方面（波动风险和偏度风险），离岸市场均是在岸市场的格兰杰原因并且离岸和在岸市场存在负相关性，离岸市场的二阶矩和三阶矩历史数据均可以预测在岸市场相应阶矩风险的走势。四阶矩方面（峰度风险），人民币离岸和在岸汇率均不能作为对方市场预测的依据，但其存在着正相关性，即人民币在岸和离岸市场出现暴涨（暴跌）风险概率趋同。

第 4 章 经济政策不确定性下人民币汇率风险研究

本章构建了包括汇率预期和经济政策不确定性的实证模型，采用 EGARCH 模型检验了经济政策不确定性对人民币汇率的影响。结果表明：首先，一国经济政策不确定性上升将导致该国货币贬值。其中欧盟、英国、日本和美国经济政策不确定性对人民币兑该国货币汇率有显著影响；中国经济政策不确定性对人民币兑欧元和英镑汇率有显著影响，而对人民币兑日元和美元汇率影响不显著。其次，经济政策不确定性增加将导致人民币汇率波动性风险上升。其中，英国和日本经济政策不确定性对人民币兑英镑和日元汇率波动性风险影响显著，中国经济政策不确定性对人民币兑美元汇率波动性风险有显著影响。

4.1 引　言

经济政策不确定性（economic policy uncertainty，EPU）是指市场参与主体不能有效预测经济政策的变动，主要包括货币政策、财政政策、进出口政策等。这种不确定性将改变居民、企业的消费和投资决策，进而导致经济波动性风险。在经济衰退时期不确定性事件普遍蔓延，并且不确定性和经济增长之间存在负相关关系，因此不确定性是影响经济复苏程度的关键因素之一。汇率是一国经济发展状况及前景的综合反映，宏观经济的不确定性风险进一步会引发汇率波动性风险。另外，汇率的波动性增加将反作用于经济体系，致使经济运行的不确定性风险上升。

2008 年金融危机期间及之后，各国的经济政策在稳定金融市场、促进本国经济复苏方面起到关键作用。同时，面对日益复杂多变的国内及国际经济形势，经济政策的不确定性亦日趋上升。尤其是近年中美贸易摩擦不断升级，以及新冠肺炎疫情暴发以来导致经济政策不确定性进一步增加。我国自 2005 年逐渐开始人民币汇率形成机制改革，逐步放宽人民币汇率波动幅度。影响人民币汇率波动的因素日益增多并且影响程度进一步加深，增加了我国经济的波动性风险。本章以经济政策不确定性和人民币汇率为研究对象，研究经济政策不确定性对人民币汇率的影响机理及效果，为完善人民币汇率机制改革、保持汇率风险可控，提供实证参考。

4.2 研究文献综述

已有研究主要从经济政策不确定性对汇率波动的影响以及溢出效应两方面研究了经济政策不确定性与汇率之间的相互作用关系。

（1）经济政策不确定性对汇率波动的影响方面。陈等（Chen et al.，2020）研究认为经济政策不确定性对人民币汇率波动的影响具有非对称性，并且不同市场间存在异质性。周等（Zhou et al.，2019）研究发现中美 EPU 比率对人民币汇率长期波动有正向的冲击影响，并且是预测人民币汇率波动的关键指标。巴奇（Bartsch，2019）使用回归技术将 EPU 与非政策性经济不确定性区分开来，研究表明非政策性的市场不确定性比 EPU 具有更强的能力影响汇率波动。辉度（Kido，2016）发现在样本期内美国 EPU 与高收益货币收益之间的相关性始终为负，而美国 EPU 与日元收益之间的相关性始终为正。贝克曼和楚达吉（Beckmann and Czudaj，2017）研究结果表明，汇率预期不仅受到公告的影响，而且还受到经济政策未来立场不确定性的影响；与预期相比，预测误差受到政策不确定性的影响更大。库洛夫和斯坦（Kurov and Stan，2018）认为在政策不确定性较高的情况下，汇率对宏观经济信息的反映程度增强。辉度（Kido，2018）研究发现美国经济政策不确定性上升会导致多数国家货币贬值，但会导致美元、日元和人民币升值。

（2）经济政策不确定性溢出效应方面。朱孟楠、闫帅（2015）对经济政策不确定性与人民币汇率之间的动态溢出效应进行研究，认为两者之间存在溢出效应，并且具有时变性。姜等（Jiang et al.，2019）研究发现在中国经济的繁荣期对经济政策的不确定性很脆弱，政策不确定性将导致经济增长显著下降。王正新、姚培毅（2019）研究表明中国经济不确定性对美国等主要经济体有正向的溢出效应。马等（Ma et al.，2019）对中国不同经济政策不确定性之间的溢出效应进行研究表明货币政策起着主导作用。钟（Trung，2019）研究了美国经济政策不确定性对其他经济体的溢出效应，受不同政策类型和经济体自身特性的影响，溢出效应在不同经济体的影响具有异质性。

已有文献采用多个国家 EPU 数据与人民币兑美元汇率，或者一国 EPU 数据与多个国家汇率进行实证研究。然而汇率双边国家的经济政策对汇率走势及波动性有着更为直接的影响。据此，本章基于货币主义模型，研究中国和国外经济政策不确定性对人民币兑换该国货币汇率水平及波动性影响。

4.3 传导机理分析

经济政策不确定性对汇率的影响，是由于投资者缺乏对不精确政策结果的期望或未知结果概率的认知。进而这种不确定性导致市场参与者之间的异质性期望，投资者在时间或方向上不同程度地更新他们关于收益和风险的判断。当经济政策的不确定性与投资者行为的不确定性高度相关时，经济政策不确定性的影响更为显著。

4.3.1 经济政策不确定性传导渠道分析

4.3.1.1 信号渠道

当经济政策制定者实施或暗示未来的政策信息时，他们提供了一个市场参与者预期的根源。如果政策制定者能够准确地传递未来政策，则不存在市场机构之间对政策不确定性的担忧，此时资产价格将被精确地调整。然而政策制定者经常不准确也不特别说明其对未来政策的预测，此时投资者基于不确定信息的边际异质贝叶斯更新将对资产价格产生影响，其结果则导致更大幅度的资产价格波动。经济政策不确定性的特征还在于模糊，投资者不能确定信息来源质量或与新政策实施相关信息的潜在结果。同时当政策决策者不值得信赖，或者沟通不畅时，政策实施结果是模糊的。

4.3.1.2 投资组合渠道

汇率的当期价格反映了投资者对经济基本面、货币政策和财政政策等的预期，而经济政策不确定性向市场传递未来经济基本面和政策不稳定的信息。投资者将依据经济政策不确定性情况调整对收益和风险的预期，进而调整其在国内与国外之间的资产配置，以实现最优的收益水平和风险水平。投资者依据这些信息调整外汇市场投资的行为，将影响外汇市场的供求关系和预期，进而影响汇率走势和波动。

4.3.2 理论模型分析

依据恩格尔和韦斯特（Engel and West，2005）、弗拉茨歇尔（Fratzscher，2008）的研究，汇率可以视为资产的价格，因而可以依据资产定价模型确定其价格。如式（4.1）所示，s_t 为时刻 t 的即期汇率对数值，其是投资者基于经济基本面预期的贴现。

$$s_t = (1-\theta)\sum_{j=0}^{\infty}\theta^j E_t(f_{t+j} \mid \Omega_t) \tag{4.1}$$

式（4.1）中，θ 为投资者预期的贴现率，f_t 表示经济中固定资产价值，Ω_t 为在时期 t 投资者获取的关于经济政策和宏观经济的信息。投资者依据已获得政府未来政策的信息对政策走势做出判断，调整预期及外汇交易行为，最终影响当期汇率 s_t。因此，经济政策不确定性信息是通过改变投资者信息集 Ω_t，影响投资者的预期以及交易行为，进而影响汇率水平与波动。

在金融市场，依据利率平价理论可以有式（4.2），其中 i_t 为国内利率，i_t^* 为国外利率，ρ_t 为外汇风险溢价即投资者要求的额外无风险回报率，$i_t - i_t^* + \rho_t$ 为投资者预期的汇率波动。

$$E_t s_{t+1} - s_t = i_t - i_t^* + \rho_t \tag{4.2}$$

将式（4.2）代入式（4.1）可得式（4.3）。

$$\Delta s_{t+1} = (i_t - i_t^* + \rho_t) + (1-\theta)\sum_{j=0}^{\infty}\theta^j[E_{t+1}(f_{t+1+j}|\Omega_{t+1}) - E_t(f_{t+1+j}|\Omega_t)] \tag{4.3}$$

式（4.3）中，$(1-\theta)\sum_{j=0}^{\infty}\theta^j[E_{t+1}(f_{t+1+j}|\Omega_{t+1}) - E_t(f_{t+1+j}|\Omega_t)]$ 为投资者未能预期到汇率波动。当经济政策不确定性信息被公众获知，将导致投资者的预期发生变化。投资者将依据各自的判断重新进行资产配置，进而影响汇率的波动。

4.4 对汇率水平及波动影响分析

经济政策不确定性从趋势性与波动性两个方面对汇率产生影响。汇率趋势性方面：汇率走势标准是指经济政策的不确定性是否影响汇率水平的走向发生变化。如果经济政策的不确定性增加，汇率下跌，则说明经济政策不确定性进一步加剧对汇率贬值的担忧。反之，如果汇率上升，则说明增强了投资者对汇率升值的预期。汇率波动性方面：由于投资者对经济政策不确定性预期存在异质性，当经济政策不确定性增加，汇率波动同时上升，表明经济政策不确定性加剧了投资者对未来汇率走势的分歧，进而导致波动性上升。

反之，如果经济政策不确定性增加伴随波动下降，则说明经济政策的不确定性降低了投资者对汇率分歧的判断。

4.4.1 实证模型构建

依据理论模型思想，实证模型构建中具体化了经济政策不确定性及经济基本面对汇率的影响变量。由于汇率具有双边波动性，即既有升值风险也有贬值风险。EGARCH 模型不用施加条件方差方程中回归系数的非负性约束，而且可以反映出杠杆效应，能够全面刻画经济政策不确定性对汇率波动影响的方向及非对称性特征。因此本书采用 EGARCH 模型检验经济政策不确定性对人民币汇率水平及波动性的影响，如式（4.4）和式（4.5）所示：

$$\Delta s_t = \beta_0 \Delta s_{t-1} + \beta_1(i_t - i_t^*) + \beta_2(m_t - m_t^*) + \beta_3(NEX_t) + \beta_4 EPU_t + \beta_5 EPU_t^* + \varepsilon_t \tag{4.4}$$

在式（4.3）中，投资者的汇率预期是依据利率平价模型确定的，由于我国对资本的国际流动仍存在一定管制并且国内利率并未完成市场化决定机制，因而利率平价模型对汇率波动的解释程度存在一定局限性。考虑到货币供给是我国重要的货币政策手段，依据汇率决定的货币主义模型，将货币供给作为投资者预期的考虑因素。此外我国作为进出口大国，实体经济需求对汇率亦有着重要影响，因而将净出口作为汇率的影响因素。式（4.4）表示投资者对汇率的预期，其中 Δs_t 为人民币汇率的差分项；i_t 表示本国利率，i_t^* 为国外利率；m_t、m_t^* 分别表示本国与国外货币供应量；NEX_t 为本国的净出口，其值等于本国与进口国的出口与进口的差值；EPU_t 表示本国经济政策不确定性，EPU_t^* 表示国外经济政策不确定性；ε_t 表示残差项，β_i 表示自变量对因变量的影响系数。基于信号渠道和投资组合渠道，一国经济政策的不确定性上升将导致投资者对该国资产配置下降，进而本币贬值，因此理论上系数 β_4 为正值，系数 β_5 为负值。

$$\ln(h_t) = \alpha_0 + \alpha_1\left(\left|\frac{\varepsilon_{t-1}}{\sqrt{h_{t-1}}}\right|\right) + \alpha_2\left(\frac{\varepsilon_{t-1}}{\sqrt{h_{t-1}}}\right) + \alpha_3 \ln(h_{t-1}) + \alpha_4 EPU_t + \alpha_5 EPU_t^* \tag{4.5}$$

条件异方差式（4.5）中，系数 α_1 表示 ARCH 效应，代表了前期观测到的波动性信息；系数 α_2 表示杠杆效应，测度信息冲击对汇率波动的非对称性影响；系数 α_3 衡量前期波动对当期的影响即投资者依据上一期的波动对未来波动性的预期，其数值大小反映了汇率波动的持久性；α_4、α_5 测度经济政策不确定性对于汇率波动的影响。由于更高的货币政策不确定性将导致汇率预期的波动上升，因而系数 α_4、α_5 理论上应为正值。

4.4.2 变量选取及实证检验

美元、英镑、日元和欧元是重要的国际储备货币，因此本书选取美国（USD）、英国（GBP）、日本（JPY）、欧元区（EUR）四个发达国家和地区作为研究对象。汇率采用直接标价法即本币/外币，表示一单位外币的本币价格。因此当汇率上升表示本币贬值，而汇率下降则表示本币升值。NEX_ ** 表示中国对其他国家的净出口增长率，如 NEX_USD 表示中国对美国的净出口增长率。经济政策不确定性指标采用贝克（Baker）等人编制的经济政策不确定性指数（EPU）。① 由于没有欧元区的 EPU 指标，因此本书采用欧洲 EPU 指标作为代理变量，其是法国、德国、西班牙、意大利和英国的 EPU 指标的加权平均数。方丹等（Fontaine et al., 2018）为了避免各国货币不统一或采用即期汇率将各国货币换算成统一货币下货币供应量导致的内生性问题，采用各国 M2 环比数据的差值作为衡量中国与国外货币供应量差异的代理变量。我国自 2005 年 7 月开始汇率形成机制改革，因此本书选取 2005 年 7 月至 2019 年 8 月的月度数据进行研究。

依据表 4.1 统计结果，宏观经济变量系数的符号方向基本与理论假设一致，这表明货币主义模型能够较好地阐释人民币汇率波动特征。EUR、GBP 的 β_4 系数分别为 0.008 和 0.007，并且 p 值小于 0.05，表明中国经济政策不确定性上升将导致人民币兑欧元和英镑汇率贬值；β_5 系数分别为 -0.007 和 -0.008，并且在 0.05 置信水平下显著，表明欧元区国家和英国经济政策不确定性上升将导

① Economic Policy Uncertainty，http：//policyuncertainty.com/。

致人民币兑欧元和英镑汇率升值。EUR、GBP 的 β_4 和 β_5 绝对值大小接近，表明中国和国外经济政策不确定性对人民币汇率水平的影响程度相同。JPY、USD 的 β_4 系数不显著，表明中国经济政策不确定性不能有效影响人民币兑日元汇率和人民币兑美元汇率的水平变化。JPY、USD 的 β_5 在0.05 的置信水平下均有显著影响，并且影响系数分别为 -0.012 和 -0.001，表明日本和美国的经济政策不确定性增强将使人民币兑日元和美元汇率升值。

表 4.1　　式（4.4）回归统计

变量	β_0	β_1	β_2	β_3	β_4	β_5
EUR	0.249*** (-4.267)	-0.002** (-1.748)	0.012 (-0.508)	-0.001*** (-2.462)	0.008*** (-3.053)	-0.007*** (-2.873)
GBP	0.100 (-1.520)	-0.002** (-1.846)	-0.021*** (-2.193)	0.000 (-1.078)	0.007*** (-3.030)	-0.008*** (-3.281)
JPY	0.111 (-1.284)	-0.021*** (-3.744)	0.001*** (-3.359)	0.001*** (-3.216)	0.001 (-0.430)	-0.012** (-2.354)
USD	0.480*** (-6.973)	0.000*** (-3.118)	0.060*** (-1.228)	0.002*** (-3.506)	0.001 (-1.207)	-0.001** (-1.813)

注：*、** 和 *** 分别表示在 10%、5% 和 1% 水平下显著。

中国经济政策不确定性对人民币兑美元汇率波动风险影响显著。表 4.2 中 α_2 系数显著且为负值，说明汇率波动具有非对称性特征，好消息（$\varepsilon_{t-1}>0$）将导致市场波动性风险下降，而坏消息（$\varepsilon_{t-1}<0$）则会加大市场波动性风险。EUR 的 α_4 和 α_5 系数均不显著，表明中国和欧元区的经济政策不确定性对人民币兑欧元汇率的波动性没有显著影响。GBP、JPY 的 α_4 系数不显著，表明中国经济政策不确定性对人民币兑英镑和日元汇率的波动性风险无显著影响。GBP、JPY 的 α_5 分别为 0.149 和 1.272 并且在 0.05 置信水平下显著，表明英国和日本经济政策不确定性上升，导致人民币兑英镑和日元汇率的波动性风险增加。USD 的 α_4 系数为 0.301 且在 0.05 置信水平下显著，表明中国经济政策不确定性上升导致人民币兑美元汇率波动风险增加；而 α_5 则不显著，表明美国经济政策不确定性对人民币兑美元汇率波动

性风险无显著影响。中国 2005 年 7 月汇率改革之前，人民币汇率采取的是盯住美元的汇率制度，之后汇率形成机制逐渐改革。2008 年金融危机期间重新采用盯住美元汇率制度，2010 年重启汇率改革，之后逐渐放宽人民币汇率的波动幅度。近年来中美贸易摩擦不断升级，中国经济政策的不确定性进一步上升，这也在一定程度上增加了中国经济政策不确定性对人民币兑美元汇率的影响。

表 4.2　　式（4.5）回归统计

变量	α_0	α_1	α_2	α_3	α_4	α_5
EUR	-0.281 (-0.869)	-0.239*** (-2.752)	-0.316*** (-3.890)	0.925*** (-38.894)	-0.119 (-1.463)	0.085 (-0.966)
GBP	-0.887*** (-3.046)	-0.272*** (-2.768)	-0.303*** (-3.757)	0.897*** (-32.241)	-0.095 (-2.390)	0.149** (-2.261)
JPY	-11.439** (-1.833)	0.096 (-0.329)	-0.155** (-0.893)	0.056 (-0.108)	-0.385 (-2.268)	1.272** (-1.948)
USD	-0.872 (-1.052)	0.635*** (-3.930)	-0.222** (-1.972)	0.924*** (-21.808)	0.301** (-2.060)	-0.377 (-1.591)

注：*、**、*** 分别表示在 10%、5% 和 1% 水平下显著。

为了进一步检验中国和国外经济政策不确定性对汇率的影响是否有显著差异，本书采用 Wald 方法检验中国经济政策不确定性和国外经济政策不确定性的影响是否相同，Wald 检验的原假设分别为 $\beta_4=\beta_5$ 和 $\alpha_4=\alpha_5$，备择假设为 $\beta_4\neq\beta_5$ 和 $\alpha_4\neq\alpha_5$。具体为分别对 β_4 与 β_5、α_4 与 α_5 的差异性进行显著性检验，结果如表 4.3 所示。

表 4.3　　中国与国外经济政策不确定性系数差异性检验统计

汇率	$\beta_4=\beta_5$			$\alpha_4=\alpha_5$		
	t 检验	F 检验	χ^2 统计量	t 统计量	F 统计量	χ^2 统计量
EUR	0.026	0.026	0.024	0.208	0.208	0.206
GBP	0.002	0.002	0.002	0.015	0.015	0.013

续表

汇率	$\beta_4=\beta_5$			$\alpha_4=\alpha_5$		
	t 检验	F 检验	χ^2 统计量	t 统计量	F 统计量	χ^2 统计量
JPY	0.04	0.042	0.037	0.048	0.048	0.047
USD	0.136	0.136	0.134	0.042	0.042	0.04

注：表中数值为检验统计量的 p 值。

依据表 4.3 中 $\beta_4=\beta_5$ 的检验结果，EUR、GBP 和 JPY 的 t 统计量、F 统计量和 χ^2 统计量的 p 值均小于 0.05，但 USD 检验统计量的 p 值大于 0.05。这表明中国与欧元区国家、英国及日本的经济政策不确定性对人民币汇率水平的影响差异显著，而中国与美国的经济政策不确定性对人民币汇率水平的影响差异不显著。表 4.3 中对回归系数 α_4 与 α_5 的差异性检验表明 EUR 的 p 值大于 0.05，因而中国与欧元区国家经济政策的不确定性对人民币汇率波动风险的影响差异不显著。而 GBP、JPY、USD 的则在 0.05 的置信水平上显著，表明中国与英国、日本以及美国经济政策不确定性对人民币汇率波动风险的影响差异显著。

综上研究表明，EUR、GBP、JPY 汇率水平受到中国和对应国家经济政策不确定性的影响，且存在显著差异。中国经济政策不确定性上升将导致 EUR、GBP、JPY 汇率显著上升（即人民币贬值），而欧元区、英国和日本的经济政策不确定性上升则导致 EUR、GBP、JPY 汇率显著下降（即人民币升值）。虽然美国经济政策不确定性对人民币兑美元汇率水平的影响显著，但中国和美国经济政策不确定性对人民币汇率水平的影响不存在显著差异，表明中美经济政策不确定对人民币兑美元汇率水平的影响程度相近。汇率波动性风险方面，检验表明英国和日本经济政策不确定性是影响 GBP 和 JPY 波动性风险的重要因素之一，而 USD 的波动性风险则主要源于中国经济政策不确定性的影响。EUR 的波动性风险不受中国和欧元区国家经济政策不确定性影响。

4.5 本章小结

本章在对经济政策不确定性影响人民币汇率机理进行分析的基础上，构建 EGARCH 模型实证检验了经济政策不确定性对人民币汇率水平和波动性的影响，主要研究结论及建议如下：

第一，经济政策不确定性通过影响投资者预期进而影响汇率水平和波动性。各国政府的经济政策传递了未来经济走势的重要信号，因而当经济政策不确定性上升时，投资者预期经济发展的不稳定性增强，并且投资者之间的分歧增加，进而投资者将对其投资组合进行调整，进而影响汇率水平和波动性。

第二，经济政策不确定性对人民币汇率水平和波动性均有显著影响。中国经济政策不确定性上升导致人民币贬值，而国外经济政策不确定性上升导致人民币升值。英国和日本的经济政策不确定性导致人民币兑英镑和日元的波动性风险上升，而中国的经济政策不确定性导致人民币兑美元汇率的波动性风险上升。这表明英国和日本的经济政策不确定性是人民币兑英镑和日元汇率风险的重要影响因素，而中国经济政策不确定性则是人民币兑美元波动性风险的重要影响因素。

| 第5章 |

不完全金融市场下货币冲击对人民币汇率波动的影响

本章首先研究了不完全金融市场的条件下，货币冲击对汇率的影响机理。通过理论推理表明，汇率波动受到货币发行国货币供给量的影响。货币冲击对汇率的影响程度又受到不完全金融市场中金融中介公司的风险容忍程度的制约。通过实证研究表明在金融市场不完全条件下，货币冲击是实际汇率短期风险波动的重要影响因素。实际冲击更多是由于财政和贸易政策影响而不是技术改变，货币乘数和基础货币冲击的影响基本持平。

5.1 引　言

不完全金融市场主要体现在宏观和微观两个

角度的市场不完全性。宏观角度方面，金融市场的完全性主要体现在一国金融深化以及自由化程度，主要体现在金融市场不完全性对国际资本流动、资产组合配置以及债务结果等方面。微观角度视角主要体现在市场制度约束，较高的交易成本和信息的不完全对称性等方面。

信息不对称方面，金融机构是金融市场信息的主要创造者，如果其在市场上不能及时有效地提供充分的信息，则会造成市场交易双方的信息不对称，进而导致市场无效。企业融资的主要制约因素之一则是信息的不对称，其中以信贷市场中的道德风险和逆向选择最为突出。在完全市场中，金融工具和金融产品价格能够真实反映市场供求状况，使得供求双方实现利益最大化。然而由于现实中的交易成本和信息的不对称性说明金融市场是不完全的，进而存在套利的机会。

交易成本方面，不完全金融市场中较高的交易成本导致市场效率的下降，难以实现有效的市场均衡。企业的规模、盈利和资产负债状况等对企业融资成本有着显著影响。一般情况下股权融资金额的上升会导致边际融资成本的增长，会计的可靠性及稳健性高会带来边际融资成本的下降。

市场制度约束方面，不完全金融市场还体现在市场准入制度限制了一些市场交易主体，导致了市场的不完全性。在金融市场产品方面，由于金融风险对冲工具产品的缺乏，导致市场交易主体的风险无法得到有效分散。金融市场中的交易主体、金融产品和工具的缺乏往往导致难以实现市场有效均衡。

汇率是一国经济体系中的一个关键变量，而且是货币政策传导的一个重要渠道，它通过“一价定律”和进出口价格的“传递效应”影响物价以及国际收支。然而，货币政策在汇率传导中是否有效以及汇率是否是调节贸易的有效手段，却是学术界长期争论的问题。中国政府及企业在对外经济交往中面临着不完全金融市场。当前我国金融市场并未完全开放，市场制度仍有待完善，金融产品需要不断丰富。在这种情况下，企业难以选择恰当的金融产品对冲汇率以及利率等风险。尤其是汇率风险是国际经济交往中面临的最主要金融风险。而汇率的波动则又受到一国货币冲击的影响，那么在不完全金融市场下的货币冲击对我国汇率波动的影响如何？

进入 21 世纪以来，全球经济发生了新的变化和趋势，其主要表现为世界范围内的经济失衡。其中以发达市场国家经常项目下的赤字和亚洲国家以及欧佩克石油输出国组织代表的新兴经济体的经常项目盈余为主要特征。在发达国家中美国是最大的贸易赤字国，而中国则是新兴经济体中经常项目盈余增长速度最为迅速的国家。而中国的大量贸易盈余则又以金融投资的方式流入美国资本市场。在资本项目下，发达经济体的融资方式主要是采用发行无风险债券，而新兴市场国家的融资方式则主要是股权融资。本章则以中国和美国为背景，研究不完全市场下货币政策冲击对人民币汇率的影响机理并实证检验其影响效果。

5.2 文献综述

对货币冲击与汇率波动关系的研究中，各国学者分别从不同角度考察了货币冲击与汇率波动的原理及关系。其中一部分学者认为货币冲击对汇率波动影响非常小，代表性的有弗士德和罗杰斯（Faust and Rogers，2003）认为货币冲击并不是汇率波动的主要原因。拉巴纳尔和塔斯塔（Rabanal and Tuesta，2006）则发现货币冲击对汇率波动的影响幅度很小，而技术冲击和需求冲击对汇率波动有较大的解释能力。拉巴纳尔和塔斯塔（Rabanal and Tuesta，2010）通过引入不完全市场及当地定价规则对解释汇率波动有重要意义，其发现实际汇率波动一半来自非抛补利率平价（uncovered interest rate parity，UIP）冲击，另一半来自需求冲击、供给冲击及偏好冲击等，而货币冲击对实际汇率波动的影响则可以忽略不计。刘尧成（2010）通过引入垄断竞争的市场结构和黏性的价格调整方式，模拟了在以技术冲击为代表的供给冲击和以货币冲击为代表的需求冲击下汇率的波动，进而用来拟合人民币汇率的波动。结果表明相对于需求冲击，供给冲击对人民币汇率波动的拟合比较好，这表明“巴拉萨 - 萨缪尔森”效应是解释和预测人民币汇率波动的合理途径。王博、刘澜飚（2012）基于结构 VAR 模型对人民币实际有效汇率演进的实证研究表明，名义冲击对实际汇率的影响可能具有规模小、持续期短以及统计不显著的特点；名义冲击对汇率波动的解释能力有限。思科（Sek，

2014）对东亚国家的一些经济数据分析得出货币政策对汇率的反应微弱。

另一部分为货币冲击对汇率波动有很高的解释能力。其中一部分学者从理论角度对货币冲击与汇率波动的关系进行了研究，主要有：阿布斯菲尔德和罗戈夫（Obstfeld and Rogoff，1996）开创性地将价格黏性和不完全竞争引入动态一般均衡模型中，从而构建了具有微观基础的 Redux 模型，研究表明，在黏性价格条件下，货币供应增加导致本币贬值。孙烽等（2001）在借鉴均衡汇率理论的思想，在跨期均衡分析框架中建立起实际汇率变动的微观需求模型，并通过引入货币冲击探讨了小国开放经济和刚性名义汇率制度下实际汇率的短期波动。王志伟、吴诗锋（2012）使用 SVAR 的框架研究发现汇率渠道受到货币政策变量和非货币政策变量的不对称性影响。紧缩性货币政策变量使得汇率升值，产出下降；而非货币政策变量则使得汇率贬值，产出上升。陈创练、杨子晖（2012）研究发现，人民币长期汇率波动主要来源于商品市场，且相比于供给冲击，受需求冲击的影响较大；而短期汇率波动则取决于货币市场的冲击因素；此外，央行干预依然是影响汇率波动的重要因素。与此同时，泰勒规则对汇率波动的影响不具有长期持久性，并且由于我国存在资本流动管制，使得以利率为中介工具的货币政策对汇率决定的影响十分有限。斯密特（Smets，1997）认为货币政策对汇率有显著的影响。加利和莫纳切利（Gali and Monacelli，2000）发展了开放小国经济体的模型，得出汇率波动显著低于历史观测数据，而且汇率的波动随着开放程度的降低而下降。通过引入不完全竞争企业导致的国际市场分割，得出货币冲击导致名义汇率和实际汇率贬值，并且名义汇率超调（Betts and Devereux，2000）。德弗罗和恩格尔（Devereux and Engel，2002）通过引入价格对汇率传导不完全的机制研究了货币冲击导致汇率高波动性的内在机理。沃诺克（Warnock，2003）研究发现货币供给变动会导致实际汇率小幅度的永久性偏离。莫纳切利（Monacelli，2004）通过在动态模型中引入名义价格刚性、不完全汇率传导等因素研究了货币政策对实际汇率和名义汇率波动的影响，强调了名义汇率管制影响实际汇率波动。加利和莫纳切利（Gali and Monacelli，2005）研究了基于国内通胀、汇率盯住等不同货币政策体制对汇率的影响，其认为区别主要在于汇率波动率的差异。布瓦克兹和艾克姆（Bouakez and Eyquem，2011）

通过采用包含不完全金融市场的动态随机模型进行研究，认为非预期的公共支出的增加和长期内实际利率的下降导致实际汇率贬值。

还有部分学者从实证角度进行了分析。方福前、吴江（2009）的计量结果表明货币冲击对人民币、日元和韩元三种货币的实际汇率波动都有重要影响，供给冲击对人民币和韩元实际汇率波动的影响大于对日元汇率波动的影响，需求冲击对人民币汇率波动的影响最大。布瓦克兹和诺曼丁（Bouakez and Normandin，2010）采用 SVAR 模型研究发现货币政策扩张会导致名义汇率超调和不完全汇率传导，并且对汇率波动和汇率传导波动有很大的影响。贝尼尼奥等（Benigno et al.，2011）则根据 VAR 模型计算得出依时间变化的不确定性和风险是汇率波动的重要原因之一。并且名义冲击波动性的提高会使得美元升值，真实冲击（生产力）波动的提高会使得美元贬值。吉斯克拉和詹宁斯（Jääskelä and Jennings，2011）采用符号约束的 VAR 模型较好估计了宏观经济变量对货币冲击的反应情况，解决了实证分析中的汇率之谜（例如，通货膨胀会引致非预期的利率上升，而汇率可能升至或贬值）。奥泽伊和布拉兹迪克（Audzei and Brázdik，2012）采用符号约束的 VAR 模型得出对称和非对称的货币冲击对汇率波动有非常强的影响。基亚（Kia，2013）对加拿大的数据实证发现短期内利率和货币供给变化对真实汇率增长有负的影响。同时，随着其他国家对外商直接投资的政策力度加大，我国国内资本逐渐走出国门投资于其他国家（徐昱东，2019），进而对人民币汇率波动产生影响。

5.3 理论模型

新兴国家的金融市场往往存在着金融产品尤其是金融衍生产品的匮乏，同时面临较高的交易成本。金融市场参与者的有限理性以及噪声交易在一定程度上影响了套利的不完全性，体现为金融市场的不完全性。

假设只存在中国和美国两个国家，和两个时期即 t = 0，1，每个国家分布着连续的居民。居民生产产品并在市场上进行交换，并通过金融经济人以本国货币投资无风险债券。金融经济人根据居民投资决定管理资本流动。中国的金融市场仍旧处于不断的改革深化之中，金融产品的丰富程度和金融市场的完善程度有待不断地提高和改善。同时，由于市场存在交易费用以及金融经济人能力的限制，如有限理性和噪声交易等原因，因而金融市场是不完善的。金融中介机构在进行交易的过程中要承担风险，这导致了其向右下方倾斜的需求曲线。结果居民的资本流动导致金融中介机构的需求曲线上下平行移动，进而通过汇率调整，使得市场出清。

5.3.1 居民部门

假设中国居民和美国居民有相同的消费倾向，因此假设中国居民代表性家庭最大化如下期望效用函数：

$$E[\theta_0 \ln C_0 + \beta\theta_1 \ln C_1] \tag{5.1}$$

其中，C_t 为一篮子消费，定义为

$$C_t = \left[\left(\frac{M_t}{P_t}\right)^{\omega}(C_{H,t})^{\xi}(C_{F,t})^{\iota}\right]^{\theta} \tag{5.2}$$

其中，M_t 是居民持有的货币数量，$C_{H,t}$为中国居民消费的国内商品数量，$C_{F,t}$为中国居民消费的国外（美国）商品数量，P_t 是名义价格水平，因此$\frac{M_t}{P_t}$是真实货币余额。其中 ω、ξ 和 ι 为非负的偏好参数，并定义 $\theta = \omega + \xi + \iota$。居民静态的最优化为最大化下面的拉格朗日函数：

$$L = \omega \ln \frac{M_t}{P_t} + \xi \ln C_{H,t} + \iota \ln C_{F,t} + \lambda_t\left(CE_t - \frac{M_t}{P_t} - P_{H,t}C_{H,t} - P_{F,t}C_{F,t}\right) \tag{5.3}$$

其中，CE_t 是加总的消费支出，$P_{H,t}$为以人民币计价的国内商品价格，$P_{F,t}$为以人民币计价的国外商品价格。根据最优化一阶条件我们可以得到需求函数为：$M_t = \frac{\omega}{\lambda_t}$；$P_{F,t}C_{F,t} = \frac{\iota}{\lambda_t}$，$\lambda_t$ 是拉格朗日乘数。由式（5.3）可知，居民的货币需求与名义消费支出成比例，比例系数为 ω。

同理，我们可以定义美国居民的消费函数如式（5.4）所示。其中 $\theta_t^* = \omega_t^* + \xi_t + \iota_t^*$。

$$C_t^* = \left[\left(\frac{M_t^*}{P_t^*} \right)^{\omega^*} (C_{H,t}^*)^{\xi} (C_{F,t}^*)^{\iota^*} \right]^{\theta^*} \tag{5.4}$$

5.3.2 金融中介

改革开放以来，美国是中国的第一大贸易出口国，同时中国是美国的最大债权国。这表明中国的贸易顺差，又以金融投资的方式流入美国金融市场。因此本书研究假设全球金融市场是非均衡的，例如，有来自贸易或投资组合的多余的人民币供给兑换成美元。因此我们假设金融经纪人可以通过赚取溢价的方式吸纳金融市场的不均衡。假设在 0 ~ 1 之间分布着大量全球金融中介公司。中美两个国家的机构在每一期随机选择金融中介公司。金融中介公司自身没有资本，他们可以交易以两个货币标价的债券。因此第 t 期他们的资产负债表为 q_t 美元和 $-\frac{q_t}{e_t}$人民币，其中 q_t 是金融经纪人增持的以美元标价的债券，$-\frac{q_t}{e_t}$是对应的以人民币标价的债券；e_t 是直接标价法的人民币兑美元汇率即一单位美元的人民币价格。在每一期期末，金融中介公司向居民部门支付收益或损失。

假设每一个金融经纪人最大化其公司收益的期望值为式（5.5）所示：

$$V_0 = E\left[\beta \left(R - R^* \frac{e_1}{e_0} \right) \right] q_0 = \Omega_0 q_0 \tag{5.5}$$

在每一期没有受到冲击之前，金融经纪人可以改变其代理一定比例资金的用途，但是这种做法并不会影响到其所在的金融中介公司。然而，此时向其借贷的居民则会有权冻结其信用额$\left|\frac{q_0}{e_0}\right|$的一定比例 $1-\Gamma\left|\frac{q_0}{m_0^* e_0}\right|$①。这是因

① 因为给定金融经纪人的资产负债表 q_0 美元和 $-\frac{q_0}{e_0}$人民币，无论 q_0 是正值还是负值，金融经济人以美元计价的负债总是等于$\left|\frac{q_0}{e_0}\right|$，因此书中采用绝对值形式。其中 m_0^* 测量的是金融中介人可以改变用途的名义资产比例，而此比例对中国货币供给是规模报酬不变的。

为债权人在借给金融经纪人资金时，可以非常准确地预测金融经济人改变资金用途的动机。因此金融经济人收到如下的信用约束：

$$\frac{V_0}{e_0} \geqslant \left|\frac{q_0}{e_0}\right| \Gamma \left|\frac{q_0}{m_0^* e_0}\right| = \Gamma \frac{q_0^2}{m_0^* e_0^2} \tag{5.6}$$

式（5.6）表明金融经济人获得的中介费用应该不小于其可以改变用途资金的价值，而且随着代理资金的增加，金融经纪人可以改变更多资金的用途。因此金融经纪人的约束最优化问题可以写为：

$$\max_{q_0} V_0 = E\left[\beta\left(R_t - R_t^* \frac{e_1}{e_0}\right)\right] q_0，受约束于 V_0 \geqslant \Gamma \frac{q_0^2}{m_0^* e_0} \tag{5.7}$$

将公司的值函数代入约束函数并整理，得到 $q_0 = \frac{m_0^* \beta}{\Gamma} E(Re_0 - R^* e_1)$，将金融经济人的需求函数加总得到金融经纪人最优的人民币兑美元债券资产的总需求函数为

$$Q_0 = \frac{m_0^* \beta}{\Gamma} E(Re_0 - R^* e_1) \tag{5.8}$$

其中，Γ 代表了金融经纪人承担风险的能力，如果 Γ 提高，则金融经纪人风险承担能力下降，其需求曲线将会更陡峭，进而金融市场将会更加分割独立。例如，当 $\Gamma = 0$ 时，金融经济人能够吸收任何的不均衡，也就是说此时只要货币市场有非零期望超额回报，金融经纪人就希望持有无穷的头寸。因此这时利率平价成立（UIP）：$E\left(e_0 - e_1 \frac{R^*}{R}\right) = 0$。当 $\Gamma \to \infty$，则 $Q_0 = 0$（即金融经纪人风险承担能力无限降低），此时金融经纪人不吸收任何的不均衡，也就是说无论承担风险的期望回报如何，他们都不会持有任何头寸。在不影响经济理论的前提下，我们假设金融经纪人的收益（损失）返还给中国消费者，这样可以使得计算推理更清晰。

我们定义 $m_t = \frac{M_t^s}{\omega}$ 和 $m_t^* = \frac{M_t^{s*}}{\omega}$，其中 M_t^s 和 M_t^{s*} 为货币供给。因为货币不能在金融经纪人之间交易也不能跨国交易（证券是可以交易的），货币市场出清，可知中央银行可以压低名义消费支出水平（$m_t = \lambda_t^{-1}$，$m_t^* = \lambda_t^{*-1}$）。

以人民币标价的美国名义进口额为 $P_{F,t}C_{F,t}=\frac{\iota}{\lambda_t}$，同理中国进口美国商品额为 $P_{H,t}^*C_{H,t}^*=\xi m_t^*$，因此以美元标价的美国名义出口额为 $P_{H,t}^*C_{H,t}^*e_t=\xi e_t m_t^*$，进一步整理以美元标价的美国名义净出口额为 $NX_t=\xi e_t m_t^*-\iota m_t$。

根据国际市场出清条件有

$$\xi e_0 m_0^*-\iota_0 m_0+Q_0=0 \tag{5.9}$$

$$\xi e_1 m_1^*-\iota_1 m_1-RQ_0=0 \tag{5.10}$$

为了证明清楚我们进一步假设 $\beta=\beta^*=1$，$R=R^*=1$ 和 $\xi=1$，将式（5.9）、式（5.10）相加得到美国外部跨期预算约束：

$$e_0 m_0^*+e_1 m_1^*=\iota m_0+\iota m_1 \tag{5.11}$$

整理得

$$e_1=\frac{\iota m_0+\iota m_1-e_0 m_0^*}{m_1^*} \tag{5.12}$$

由金融经济人的需求函数有

$$e_1=e_0-\frac{\Gamma Q_0}{m_0^*}=e_0-\frac{\Gamma(\iota m_0-e_0 m_0^*)}{m_0^*}=(1+\Gamma)e_0-\Gamma\iota m_0 \tag{5.13}$$

进一步整理式（5.12）和式（5.13）有

$$\frac{\iota m_0+\iota m_1-e_0 m_0^*}{m_1^*}=(1+\Gamma)e_0-\Gamma\iota m_0 \tag{5.14}$$

求解式（5.14）我们可以得到

$$e_0=\frac{\iota(m_0+m_1+\Gamma m_0 m_1^*)}{m_0^*+m_1^*(1+\Gamma)} \tag{5.15}$$

t=1 时的汇率为

$$e_1=\frac{\iota m_0+\iota m_1-e_0 m_0^*}{m_1^*}=\frac{\iota[(1+\Gamma)m_0+(1+\Gamma)m_1-\Gamma m_0 m_0^*]}{m_0^*+m_1^*(1+\Gamma)} \tag{5.16}$$

由式（5.15）与式（5.16）可知人民币兑美元的汇率取决于中美两国货币供给量 m 和对国外商品需求 ι 变动的影响，其对汇率的影响程度受到金融中介公司抗风险能力 Γ 的影响。

5.4 实证分析

5.4.1 计量模型

为了更全面反映中美货币冲击对汇率波动的影响，本书把真实的货币冲击分解为财政冲击、供给冲击（或生产率）、需求冲击、货币乘数和基础货币冲击。其中，中美政府支出占 GDP 比重差额为（中国数据减去美国数据）$\Delta g/y = g/y - g^*/y^*$；中美 GDP 对数差额（中国数据减去美国数据）为 $\Delta y = y - y^*$；$r = S - P$，其中 r 为人民币兑美元真实汇，S 为单位美元兑换人民币的汇率取对数，P 为中国与美国物价指数比值的对数；$\Delta mm = \log(M/H) - \log(M^* - H^*)$，$\Delta mm$ 为中美货币乘数对数的差额，M 为名义货币存量 M2，H 为名义基础货币。$\Delta h = \log(H/P) - \log(H^*/P^*)$，$\Delta h$ 为中美真实基础货币差额。

为了设定变量间的长期约束，首先假设长期内政府支出占总产出的比重为外生变量，也就是说是在式（5.17）中 C（1）的第一行的变动为 0。其次根据长期中经典的实际与货币变量的二分法得到第 1、2、3 行，第 4、5 列的元素为 0。再次假设长期内货币乘数不受基础货币的影响得到 $c_{45} = 0$，但这并不等于假设货币乘数为常数，因为其还受到 ε^{mm}。最后假设 $\varepsilon^{23} = 0$，意味着假设代表需求或偏好冲击的 ε^D 在长期内对产出没有影响。因此假设模型为 $X = \{\Delta(G/Y), \Delta(y), \Delta(r), \Delta mm, \Delta(h)\}$ 和 $\varepsilon = \{\varepsilon^g, \varepsilon^s, \varepsilon^D, \varepsilon^{mm}, \varepsilon^h\}$，变量的转置形式及长期约束为式（5.17）所示。

$$X = \begin{bmatrix} \Delta(G/Y) \\ \Delta(y) \\ \Delta(r) \\ \Delta(mm) \\ \Delta(h) \end{bmatrix} \quad \varepsilon = \begin{bmatrix} \varepsilon^g \\ \varepsilon^s \\ \varepsilon^D \\ \varepsilon^{mm} \\ \varepsilon^h \end{bmatrix} \quad C(1) = \begin{bmatrix} c_{11} & 0 & 0 & 0 & 0 \\ c_{21} & c_{22} & 0 & 0 & 0 \\ c_{31} & c_{32} & c_{33} & 0 & 0 \\ c_{41} & c_{42} & c_{43} & c_{44} & 0 \\ c_{51} & c_{52} & c_{53} & c_{54} & c_{55} \end{bmatrix} \tag{5.17}$$

财政冲击 ε^{g} 是与政府支出比重（G/Y）一致的长期外生波动。总供给冲击（生产率）ε^{s} 包括除了财政之外的任何影响长期产出水平的波动，如技术进步。这些冲击对长期 G/Y 没有影响，但是影响 r、mm 和 h。关于 ε^{D} 的影响因素，包括贸易政策的影响、偏好变动的影响等，这些因素都对真实汇率有长期影响，但是对政府支出或产出没有影响。ε^{mm} 包括的影响因素有：第一，货币存款比率。第二，受到新银行法规或存款准备金要求而改变的存款准备金率。第三，真实总需求的改变，可以通过利率传导到广义货币供给。外部波动对真实基础货币的比对应于货币冲击。

5.4.2 模型计算

5.4.2.1 平稳性检验

本章采用的数据分别来自：中国的国家财政预算支出、CPI、GDP 来自国家统计局；货币供应量 M2、基础货币余额来自中国人民银行；人民币兑美元汇率来自中国外汇交易中心。美国政府财政支出、GDP 来自美国财政部；货币供应量 M2、基础货币来自美联储；美国 CPI 来自经济合作与发展组织。其中，中国月度 GDP 采用中国规模以上工业企业增加值环比增长率①对季度 GDP 进行分割计算获得，美国月度 GDP 采用美国工业产出指数进行分割计算获得②。以上数据均采用月度数据进行分析。

---

① 由于 2011 年 2 月之前只公布规模以上工业企业增加值同比增长率，因此 2000 年 1 月至 2006 年 11 月采用规模以上工业企业增加值计算获得；2006 年 12 月至 2011 年 1 月采用此期间的同比增长率乘以基期规模以上工业企业增加值，再进行计算环比增长率；2011 年 2 月至今采用国家统计局公布的规模以上工业企业增加值环比增长率。

② 中国 GDP 月度数据的估算有很多文献在探讨，大家一致认为用规模以上工业企业增加值的增长率比较具有代表性，因为工业增加值在选择统计对象时，对于规模以上工业企业是普查形式，对于规模以下工业企业则是用推算法，所以规模以上工业企业增加值比较有代表性和准确性；而且规模以上工业企业增加值和 GDP 有较高的相关性。具体计算方法为：假设工业增加值增长率二月份和三月份别是 8% 和 10%，1 季度 GDP 为 100，则一月份 GDP 为 100/[1+1+8%+(1+8%)×(1+10%)]；二月份 GDP 为 (1+8%)/[1+1+8%+(1+8%)×(1+10%)]；三月份 GDP 为 (1+8%)×(1+10%)/[1+1+8%+(1+8%)×(1+10%)]。

根据表 5. 1 中的 ADF 检验和 KPSS 检验可知，变量存在一阶单位根过程，因此对数据进行差分处理获得平稳序列后再进行向量自回归过程。

表 5. 1　　单位根检验

指标名称	检验值	Δg/y	Δy	Δr	Δmm	Δh
ADF	I (0)	0. 700	1. 055	0. 933	−0. 498	−1. 892
	I (1)	−30. 420 **	−4. 460 **	−16. 321 **	−9. 683 **	−9. 528 **
KPSS	I (0)	1. 614 **	1. 635 **	1. 530 **	1. 111 **	0. 974 **
	I (1)	0. 248	0. 310	0. 349	0. 152	0. 154

注：** 表示在 1% 水平上显著。

5. 4. 2. 2　模型估计

根据 LR、FPE 及 AIC 准则，设定最佳滞后期为 6。

由图 5. 1 ~ 图 5. 4 可以看出一单位政府支出冲击，在 1 ~ 3 期内使得汇率升值，之后下降并逐渐波动趋于 0。一单位货币乘数冲击期初使得汇率上升，其后波动趋于平稳。一单位基础货币冲击期初使得汇率下降并波动趋于平稳。一单位供给冲击使得汇率上升，并波动趋于平稳。

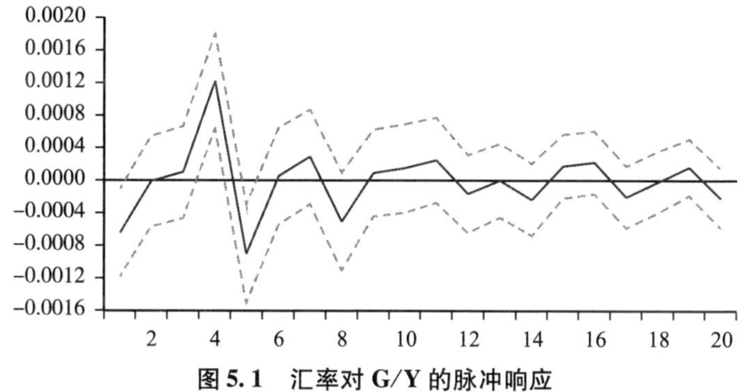

图 5. 1　汇率对 G/Y 的脉冲响应

注：图中实线表示冲击响应函数，虚线表示 95% 的置信区间。

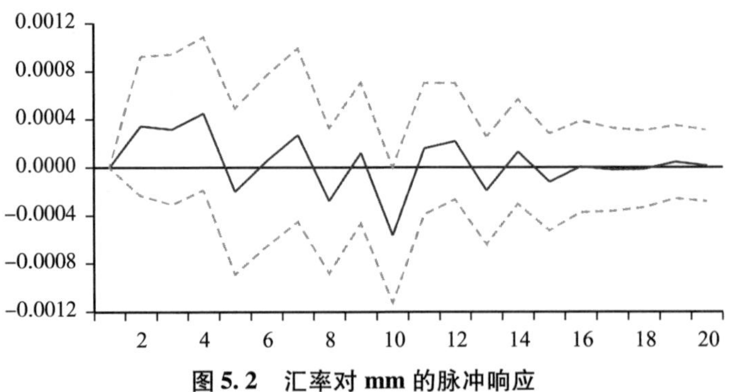

图 5.2　汇率对 mm 的脉冲响应

注：图中实线表示冲击响应函数，虚线表示 95% 的置信区间。

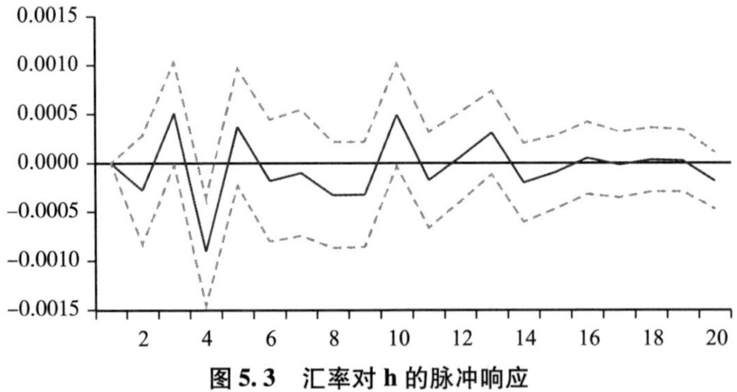

图 5.3　汇率对 h 的脉冲响应

注：图中实线表示冲击响应函数，虚线表示 95% 的置信区间。

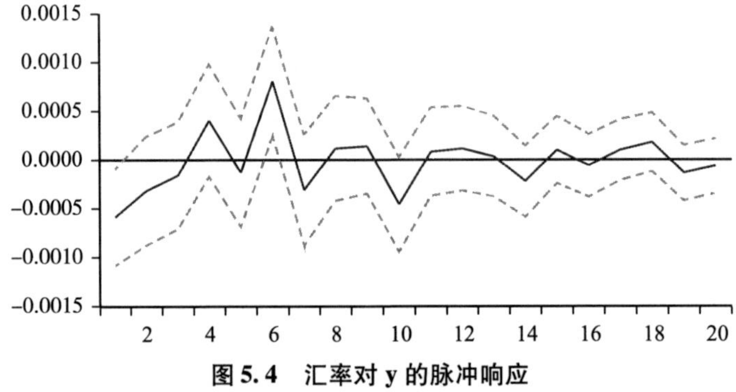

图 5.4　汇率对 y 的脉冲响应

注：图中实线表示冲击响应函数，虚线表示 95% 的置信区间。

由表 5.2 可以得知，人民币兑美元汇率波动最主要源于需求冲击，第 1 期需求冲击占人民币兑美元汇率波动的比例为92.6%，其次为政府支出冲击占比为4%，然后为供给冲击占比为3.3%，最后为货币冲击。汇率波动对货币冲击反应很慢，第1期为0。到第20期基本保持稳定，即需求冲击占比为55%，政府支出冲击占比为18.5%，货币冲击占比为16%，供给冲击占比为9.6%。

表 5.2　　方差分解

时期	ε^{g}	ε^{s}	ε^{D}	ε^{mm}	ε^{h}
1	4.047096 (3.12423)	3.341031 (2.72556)	92.61187 (3.97487)	0.000000 (0.00000)	0.000000 (0.00000)
5	18.11367 (5.41736)	4.307679 (2.90674)	65.96819 (6.11309)	3.042131 (2.73343)	8.568332 (3.96427)
10	17.60664 (4.61474)	9.274515 (3.90116)	57.63126 (5.96517)	5.363064 (3.32790)	10.12452 (3.88560)
15	17.88619 (4.45536)	9.354324 (3.79048)	56.13076 (5.97666)	5.920236 (3.46511)	10.70849 (3.85641)
20	18.49961 (4.60107)	9.579497 (3.83327)	55.33172 (6.08185)	5.842645 (3.50474)	10.74653 (3.87477)

注：方差分解方法为蒙特卡洛模拟，其中括号中为标准差。

5.5 本章小结

金融市场的不完全性是国际经济交往及货币政策有效性的重要影响因素。发展中国家的金融市场往往存在制度以及金融产品等方面的欠缺，进而造成金融市场的不完全性。同时我们也注意到尽管发达国家金融市场制度比较健全和产品相对丰富，但由于信息的不及时性会造成金融市场的不完全性。

本章首先以发展中国家的中国和作为发达国家的美国为代表，从理论角度推理分析了金融市场的不完全性对货币政策的影响。在此基础上进一步采用实证方法检验了在不完全金融市场条件下的货币冲击的效果。研究结论表明货币冲击对实际汇率波动有着重要的影响。通过采取 SVAR 模型对中美长期数据的分析，我们发现货币冲击几乎占到了实际汇率短期方差变动的一半。这个估计对冲击的本质是有丰富的信息：实际冲击更多是由于财政和贸易政策影响而不是技术改变，而货币乘数和基础货币冲击的影响基本持平。

第6章

外部约束下汇率冲击与我国货币政策调控效果研究

本章首先对我国货币政策面临的外部约束变量进行分析，将国际原油价格、美国联邦基金利率和美国GDP作为我国货币政策的外部环境约束变量。其次，采用VARX模型分析了外部约束下汇率、货币冲击对国内物价影响，结果表明：PPI及CPI对REER的冲击响应为负，表明人民币汇率上升对国内价格存在反向抑制作用。CPI的波动主要受其自身的影响即CPI存在较高的价格黏性，而PPI的价格黏性则较低。PPI和CPI对利率（r）的冲击响应大于REER并且r在PPI及CPI方差分解中占比大于REER，说明货币政策可以有效应对汇率波动对物价的冲击。

6.1 引　　言

汇率在维持国内外平衡中起着至关重要的作

用，成为开放经济条件下的核心工具变量。汇率作为两国之间货币的相对价格，其变动直接影响一国国内物价水平的变动，通过支出转换效应改变贸易收支并影响其他宏观经济变量。传统国际金融理论认为，一国货币升值会抑制出口、促进进口并对国内通货膨胀形成一定抑制作用，反之则会导致国内通胀压力上升。自我国 2005 年实行汇率改革以来，尤其是 2008 年金融危机之后，人民币汇率出现较大幅度的升值。随着人民币升值，却出现了国内物价水平上涨；而随着世界经济逐渐从金融危机中恢复和美国进入加息进程之后，却出现了人民币汇率较大幅度的贬值和物价下跌的反常现象。

汇率波动不仅影响国内物价水平的变化，而且影响中央银行最优货币政策的制定。作为发展中国家，我国经济对出口依存度较高，这在一定程度上使得央行的货币政策受到其他世界主要国家经济及货币政策的约束。那么在面临外部约束情况下，汇率波动性冲击对国内物价水平产生何种影响？我国央行的货币政策能否有效调控汇率波动的影响？对此问题的深入研究将有助于不断完善我国货币政策制定和宏观经济管理水平。本章系统分析了我国货币政策的外部约束和传导机理，进而采用 VARX 模型进行实证检验并得到有意义的结论。

6.2 文献综述

最早的汇率传递理论是由瑞典学者卡塞尔通过购买力平价理论所创立的，即“一价定律”，认为在汇率对价格完全传递的情况下，汇率具有弹性价格的调节功能，成为调整外部经济失衡的重要工具。在汇率完全传递理论方面，比较有代表性的是贝拉·巴拉萨和保罗·萨缪尔森共同提出“巴拉萨－萨缪尔森模型”，认为保持名义汇率基本稳定的国家，其国内物价的变化在很大程度上可以反映实际汇率的波动情况。克鲁格曼（Krugman，1986）、贝茨和德弗罗（Betts and Devereux，1996）根据依市定价模型（PTM）研究认为出口厂商为了出口产品的价格稳定和维持市场占有率，会调整其产品的出口价格降低汇率波动的影响，进而使得汇率传导效应下降。此外，由于产品同质性与替代程度不同，厂商往往实行价格歧视，而且国内外厂商更关注市场份额和市场集中度等因素都会降低汇率的传递性（Cheung et al.，2001；Dornbusch，1987）。学者们在对不完全汇率传递理论模型研究的同时对汇率传递价格的程度以及在不完全汇率传递下最优货币政策的制定也进行了深入的研究。

6.2.1 汇率传递价格的程度

汇率向国内价格的传递性因经济状况和汇率制度的不同存在差异，采用固定汇率制度的国家汇率传递性要更高（Beirne and Bijsterbosch，2011；Brun-Aguerre et al.，2012；Mirdala，2014）。胡德里和哈库拉（Choudhri and Hakura，2015）研究发现进口价格的不完全汇率传递性比出口价格传递性高，而姜和金（Jiang and Kim，2013）对中国的研究发现汇率对 PPI 的传递性高于对 RPI 的传递。泰勒（Taylor，2000）从通货膨胀环境角度分析汇率传递问题，认为高通货膨胀环境会增强汇率传递效应，反之亦然。

卜永祥（2001）实证研究得出国内货币供应量、国外物价水平、国内物价水平、名义有效汇率存在长期协整关系，汇率波动对消费者价格和生产者价格水平影响显著，其中消费者价格指数对汇率波动的弹性小于生产者价格指数对汇率波动的弹性。杨雪峰（2010）、吴丽华（2010）同样研究发现进口价格指数的汇率传递弹性要强于消费价格指数的汇率传递弹性，且进口价格指数向消费价格指数传导逐渐衰减。汇率改革后汇率波动对国内进口价格和消费者价格的传递效率有所提高，汇率工具在宏观经济中的调节作用逐步增强。东部、中部、西部地区在一些时期分别具有显著的地区效应。而且这种效应的方向，在东部地区为负值，而中西部地区为正值（惠晓峰等，2013；徐奇渊，2012；张海波、陈红，2011）。

6.2.2 不完全汇率传递下货币政策

阿利姆和拉希亚尼（Aleem and Lahiani，2014）通过对货币政策与汇率传递的研究得出以控制通货膨胀为目标的货币政策使得汇率传递性降低。在不考虑汇率传递程度的情况下，采用泰勒（Taylor）货币政策规则比调整汇率的货币政策更能够提高社会福利水平（Adolfson，2007）。德弗罗和耶特曼（Devereux and Yetman，2014）认为随着金融和产品市场的国际化程度提高，汇率传递性会进一步下降，进而降低货币政策对汇率干预的有效性。而艾达（Ida，2013）则强调了在开放经济中不完全汇率传递条件下稳定资产价格的货币政策重要性。

货币供应量的变化对零售物价水平有强烈的影响（卜永祥，2001）。货币增长波动性较低的国家，汇率传导效果也相对低，而货币增长波动性大的国家则具有较高的汇率传导效果（李颖，2008）。一国的货币政策可以制约汇率和外国价格对本国价格的传递效应，利于进一步隔绝来自外部的通货膨胀压力（陈六傅、刘厚俊，2007；孙立坚等，2003）。通过汇率政策或者说人民币汇率升值来治理通货膨胀，效果并不理想，即使使用汇率政策也仅仅是作为一种辅助政策。针对通货膨胀，紧缩货币政策是治理的良药，毕竟通货膨胀无论如何都是一种货币现象（杨雪峰，2010）。人民币汇率波动能影响货币政策的有效性，且是正的有效性，即把人民币汇率波动纳入货币政策中介目标监控体系能提高货币政策的有效性（邓永亮、李薇，2010）。

以上学者从不同角度对汇率冲击及货币政策对物价的影响进行了研究。然而在货币政策面临外部约束情况下，不完全汇率传递对物价冲击以及货币政策应对汇率冲击有效性的研究基本为空白。因此，本章通过对外部约束变量进行分析并建立模型研究了汇率对国内物价冲击及货币政策的调控效果。

6.3 研究方法与数据处理

6.3.1 研究方法

中国作为发展中国家和世界第二大经济体，与发达国家有很多不同特征。

中国虽然是经济大国，但其货币制度及管理水平还在不断完善之中。同时长期以来中国经济很大程度上依赖出口，国内供给侧结构失衡等问题有待解决。因而，中国货币当局在制定货币政策时不仅考虑国内变量，而且考虑国外变量，其货币政策受到世界主要央行货币政策和宏观经济变量的约束。在国际贸易中大多采用美元或欧元结算，因此突然的汇率波动对中国的国外贸易伤害很大，中央银行往往采取稳定汇率的措施。考虑到我国中央银行在制定货币政策时面对的外部约束，我们定义中央银行的货币政策函数为式（6.1）。这表明中央银行的反应函数不仅依赖于国内变量 y'，而且依赖于国外变量 X'，其中 f 为未知函数。

$$i = f(y', X') \tag{6.1}$$

基于我国中央银行的上述反应函数，本书采用带外生变量的向量自回归模型（VARX）研究汇率改革前后汇率冲击和货币政策对国内价格的影响。VARX 模型考虑了货币政策变量之间的相互影响和外生变量对内生变量的单方面影响。我们定义 VARX 模型为如下形式：

$$Y_t = \delta + \sum_{i=1}^{p} \phi_i Y_{t-i} + \theta X_t + \varepsilon_t \tag{6.2}$$

式中，Y_t 是国内内生变量组成的向量，X_t 是国外外生变量组成的向量。ϕ 和 θ 分别是内生变量和外生变量相对应的系数矩阵，ε_t 是残差向量。模型中包含外生变量的理论基础是将外生约束考虑进来控制国际经济事件的影响，即我们假设外生变量对内生变量有影响，而内生变量对外生变量没有影响。结合中国的经济特点，本书认为 VARX 模型能够恰当地考查中国的汇率传导特性及货币政策调控物价的有效性。

郭梅军、蔡跃洲（2004）认为对于以内需为主的开放经济大国来说，央行依据泰勒规则（Taylor，2000）设定货币规则（反应函数），不仅要关注汇率，而且更要关注 GDP 和通货膨胀。据此我们设定国内内生变量向量包括 GDP、生产者价格指数（PPI）、消费者价格指数（CPI）、实际有效汇率（REER）和作为货币政策指标的利率 r，内生变量向量定义为：

$$y'_t = [\text{GDP}, \text{PPI}, \text{CPI}, \text{REER}|, r] \tag{6.3}$$

美国作为世界最大的经济体和我国重要的出口国，其需求变化对我国经济有着重要的影响。同时由于美元的国际地位，美联储货币政策变化对世界经济有着重要的影响，而美国联邦基金利率在代表美国货币政策取向方面又有很强的代表性。因此我们将美国联邦基金利率（i^{us}）和美国 GDP（y^{us}）作为我国货币政策面临的外部环境约束变量。而石油作为重要的国际战略储备资源对一国的物价水平有着基础性决定作用，我国大部分石油需要从国外进口，因此国际原油价格也是我国货币政策面临的重要外生约束变量。

$$X_t' = [oilprice, i^{us}, y^{us}] \tag{6.4}$$

6.3.2 数据处理

我们建立的 VARX 系统包含六个变量，包括三个外生变量即 oilprice、i^{us}、y^{us}和五个内生变量 REER、GDP、PPI、CPI、r。由于 2005 年 7 月我国实施汇率形成体制改革，因此样本期选为 2005 年 8 月至 2015 年 12 月。其中 oilprice 来源于世界石油网站，i^{us}、y^{us}来自美联储网站，y^{us}采用美国工业总产出指数代替；r、REER、PPI、CPI 来自 Choice 数据库。由于没有 GDP 月度数据，而发电量与 GDP 有相近的变动方向与程度，并且我国全部发电量的75%左右被工业用电量消耗掉，此外发电量不存在库存调整以及虚报等问题，因此本书将发电量作为月度 GDP 数据的代理变量。发电量原始数据来自中经网统计数据库。除中国和美国利率外，所有数据都取自然对数值。为提高估计的可靠性，我们通过 ADF 检验方法对上述变量及其差分做平稳性检验，参考赤池信息准则和施瓦茨准则来选择滞后期数为 2。从表 6.1 检验结果来看，除美国联邦基金外，其余变量的数据序列值在 5% 的显著性水平上都是非平稳的，但其一阶差分序列平稳即是一阶单整序列。

表 6.1　　单位根检验

统计量	PPI	CPI	GDP	r	REER	i^{us}	y^{us}	oilprice
t 值	-2.15	-2.42	0.57	-2.80	0.28	-3.26	-1.66	-2.37
p 值	0.23	0.14	0.99	0.06	0.98	0.02	0.45	0.15

续表

统计量	PPI	CPI	GDP	r	REER	i^{us}	y^{us}	oilprice
t 值	-4.64	-4.42	-3.56	-6.17	-9.35	-2.84	-3.13	-6.27
p 值	0.00	0.00	0.01	0.00	0.00	0.06	0.03	0.00

6.4 实证分析

为了清楚地反映汇率冲击及货币政策对国内物价变动的影响，首先对相关变量进行描述性统计分析。由表 6.2 标准差数据，人民币实际有效汇率（REER）标准差为 11.04，PPI 和 CPI 标准差分别为 4.38 和 2.27，反映出 REER 波动幅度大于 PPI、PPI 波动幅度大于 CPI，统计分析显示出有可能汇率对价格的传递存在着不完全性。PPI 的最小值达到 -8.22，比 CPI 最小值低 6.41 个百分点；而两者最大值则相差不大，表明在受到经济负向冲击时 PPI 受到的影响更大。

表 6.2　　描述统计

统计量	REER	PPI	CPI	r
均值	100.80	1.74	2.96	5.58
中位数	100.28	2.63	2.51	5.60
最大值	124.43	10.06	8.74	6.57
最小值	83.54	-8.22	-1.81	4.86
标准差	11.04	4.38	2.27	0.51

6.4.1 冲击响应分析

如果模型不稳定，则对脉冲响应的分析没有意义，因此在进行脉冲响应分析之前，我们首先对模型的稳定性进行检验。图 6.1 描述了 VARX 模型的稳定性，很显然，图 6.1 中显示该 VARX 模型中的所有变量特征根的逆都在单位圆内，说明该模型是一个平稳系统。

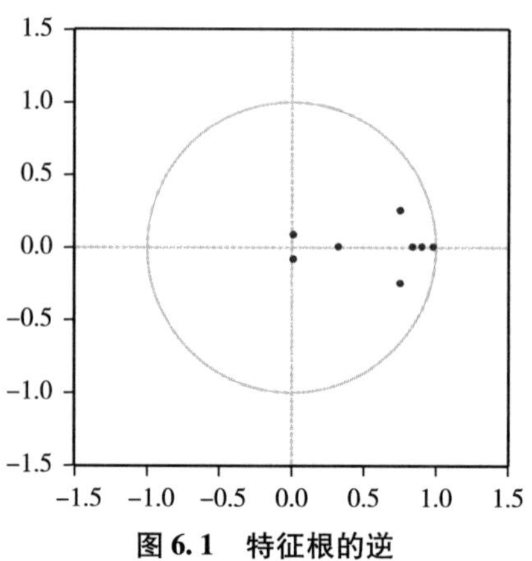

图 6.1　特征根的逆

脉冲响应函数是描述一个内生变量对误差的反应，即在扰动项上加一个标准差大小的新息冲击对 VARX 模型中的内生变量的当前值和未来值产生影响。由于乔莱斯基分解次序对脉冲响应函数具有非常重要的影响，因此有必要仔细考虑各变量之间的先后顺序。我国自 1998 年之后逐渐形成了稳健的货币政策，而且目前支持经济增长仍是我国货币当局的重要目标之一，因此我们把 GDP 放在第一位。央行的货币政策影响通货膨胀预期，汇率和价格受到货币供给数量的影响，因此将利率作为变量系统中第二个传递影响变量。由于汇率波动对国内价格的影响是本书研究的重要问题，因而汇率应该在生产者价格指数和消费者价格指数之前。综上所述本书按照 GDP→r→REER→PPI→CPI 顺序来分析一个标准差的随机新息对生产者价格和消费者价格的冲击。

由图 6.2 和图 6.3 脉冲响应函数表明 PPI 和 CPI 对 r 及 REER 的冲击响应均为负值，并且 PPI 和 CPI 对 r 的冲击响应均大于 REER，具体存在如下特征：

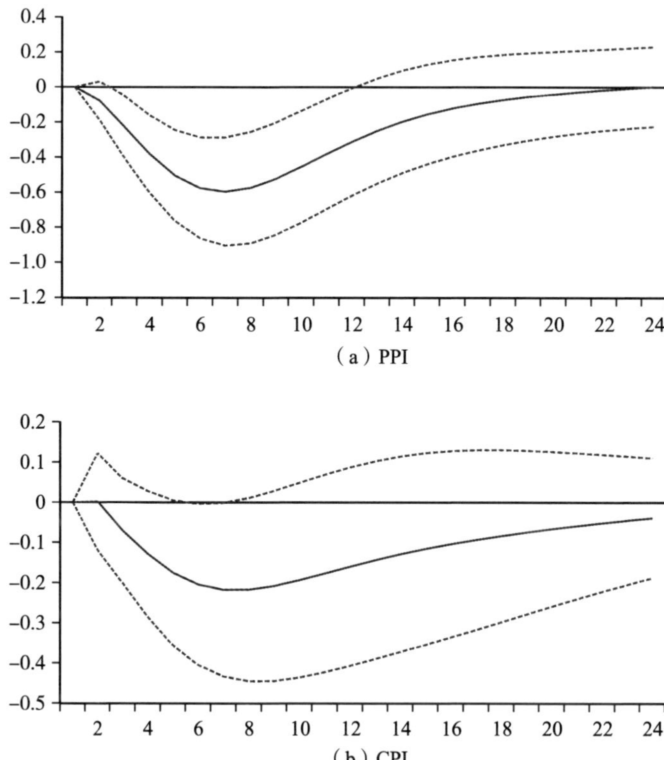

（a）PPI

（b）CPI

图 6.2　PPI 及 CPI 对 r 的冲击响应

注：图中实线表示冲击响应函数，虚线表示 95% 的置信区间。

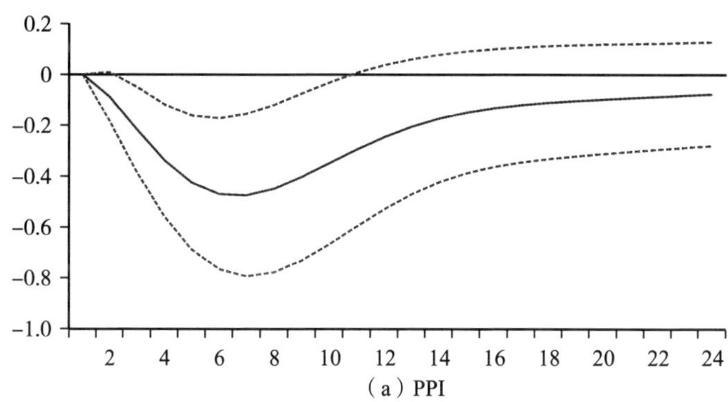

（a）PPI

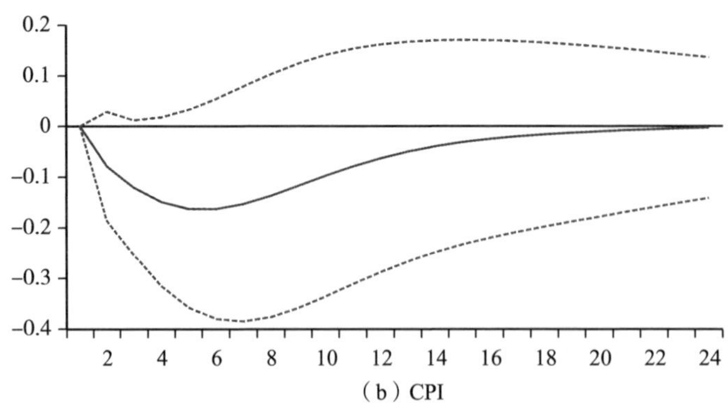

（b）CPI

图 6.3　PPI 及 CPI 对 REER 的冲击响应

注：图中实线表示冲击响应函数，虚线表示 95% 的置信区间。

第一，PPI 和 CPI 对 r 及 REER 的冲击响应均为负值。由图 6.2 和图 6.3 可以看出，对于一单位人民币实际有效汇率的新息冲击 PPI 指数迅速下降并在第 7 期达到接近 -0.5 水平的低值，之后逐渐向初始水平恢复；而一单位货币政策的新息冲击 PPI 指数迅速下降并在第 6 期达到 -0.6 水平的低值，并在第 22 期恢复到初始水平。PPI 及 CPI 对 REER 的冲击响应为负，表明人民币汇率上升对国内价格运行存在一定的反向抑制作用。对于一单位人民币有效汇率冲击 CPI 指数在第 6 期达到 -0.15 左右水平的最低值，到第 23 期 REER 冲击的影响基本消失；而相应的一单位货币冲击 CPI 指数在第 6 期达到 -0.2 左右水平的最低值，然后开始缓慢恢复。这表明利率的提高可以降低物价水平；反之，利率降低则可以提高物价水平。从对货币政策的反应时间看，CPI 对 r 的反应慢于 PPI，但受到货币政策影响更持久。

第二，PPI 对 r 和 REER 的冲击响应大于 CPI，PPI 和 CPI 对 r 的冲击响应幅度均大于 REER。从冲击响应幅度而言，PPI 及 CPI 对于一单位的汇率冲击响应均小于 1 并且 PPI 的响应幅度大于 CPI，说明存在不完全的汇率传递性，而 PPI 的传递性高于 CPI。PPI 对冲击响应大于 CPI，其原因在于汇率影响生产者价格的传递路径短、中间变量少、作用更直接；而汇率影响消费者价格的传递路径长、中间变量多、作用间接。CPI 对货币政策 r 的反应幅度明显小于 PPI，但货币政策对 CPI 的影响持续程度长于 PPI。综合对比分析发现 PPI

和 CPI 对利率 r 的冲击响应幅度均大于对 REER 的响应幅度，表明我国的货币政策可以有效应对汇率波动对国内物价的冲击。自 2005 年汇改之后，我国货币政策更加侧重于国内经济增长和物价稳定，尤其是保持与居民生活紧密相关的 CPI 稳定。

6.4.2 方差构成分析

为了进一步估计不同冲击对 PPI 及 CPI 的相对重要程度，分别对 PPI 及 CPI 进行方差分解研究（见表 6.3）。

表 6.3　　PPI 与 CPI 方差分解　　单位：%

时期	PPI					CPI				
	PPI	CPI	r	REER	GDP	PPI	CPI	r	REER	GDP
6	48.36	20.86	17.60	12.70	0.47	5.43	80.76	3.83	3.91	6.07
12	29.80	19.78	29.65	19.24	1.54	3.28	75.79	7.65	4.03	9.26
24	22.90	26.61	24.42	16.68	9.39	3.02	74.10	8.77	3.70	10.42

由表 6.3 得到如下结论：

第一，CPI 价格黏性大于 PPI。依据方差分解结果，在 PPI 的方差占比中，PPI 受其自身价格的影响占到 22.90%，而 CPI 的影响的达到 26.61%。这反映出 PPI 的价格黏性较低而受最终消费需求的影响较大。与 PPI 方差分解不同的是，在 CPI 的方差分解中消费者价格上涨更多来自自身黏性，占比达到了 74.10%；而 PPI 在 CPI 方差分解中的占比却只有 3.02%。PPI 的波动虽然是 CPI 的构成因素，但由于存在市场竞争，因此企业并不能将生产资料价格的上升有效传递到最终消费品价格中。

第二，利率 r 在 PPI 及 CPI 方差占比大于 REER。PPI 受利率、汇率和产出缺口的影响占比分别为 24.42%、16.68% 和 9.39%；CPI 受上述三个变量影响程度分别为 8.77%、10.42% 和 3.7%。相对于对 PPI 的影响，这些变量对 CPI 的影响依然较小。利率 r 对 PPI 的影响程度大于 CPI，表明货币政策对生产者价格的干预能力更高。这一方面因为利率本身就是生产成本的重要构成因素，另一方面是由于存在较高的消费者价格黏性。同时 REER 也对 PPI 的影响程度较高反映出我国生产资料有很大程度是进口的因素。除自身价格黏性外，利率 r 对 PPI 和 CPI 均有重要影响，说明我国的货币政策对价格调控起着重要作用。综合对比分析 PPI 及 CPI 的方差构成可知 r 所在比重均大于 REER，这进一步验证了货币政策可以有效调控汇率对国内物价的冲击。

6.5 本章小结

通过对我国政策约束因素进行分析并建立 VARX 模型，利用脉冲响应函数、方差分解等方法研究了在外部约束条件下汇率传递及货币政策对国内物价的影响，主要有以下几点结论：

第一，我国货币政策受到外部约束影响。由于中国经济对出口的依赖，而且在国际贸易中大多采用美元或欧元结算。因而我国央行在制定货币政策时不仅考虑国内变量，而且考虑国外变量，存在外部约束。美国是我国第一大贸易出口国，同时由于美元是重要的国际货币，因而美国的经济发展状况和美国货币政策走向是我国货币政策面临的外部环境约束因素。石油对一国的物价水平有着基础性决定作用，而我国大部分石油需要从国外进口，因此国际原油价格也是我国货币政策面临的重要外生约束变量。

第二，货币政策可以有效应对汇率波动对物价的冲击。通过脉冲分析和方差分解得出 CPI 存在较大的价格黏性，而 PPI 的价格黏性则较低。利率 r 对 CPI 和 PPI 都有较大的冲击影响，同时利率 r 大于人民币实际有效汇率 REER 对 CPI 和 PPI 的影响，证明我国的货币政策可以有效调控汇率对国内物价的冲击。实施稳定而可信的货币政策应考虑诸多宏观经济变量之间可能产生的交叉影响及动态作用机制，并充分考虑汇率传递的大小及价格黏性。

| 第 7 章 |

我国创新型货币政策的实施效果研究

自 2013 年以来，我国央行推出创新型货币政策工具，其传导机制和调控效果与传统货币政策存在差异。然而我国目前对创新型货币政策实施效果的研究少，探讨创新型货币政策的实施效果和作用机制对提高我国货币政策的有效性以及完善货币政策调控框架。据此，本章首先对创新型货币政策工具进行了系统的梳理分析，对不同创新型货币政策的作用途径及机理进行了研究。基于货币政策传导理论构建向量自回归模型（VAR），从定量角度检验了创新型货币政策工具的传导机制及实施效果表明：SLF 和 MLF 对广义货币供应量都表现出良好的调控能力。SLF 对短期利率调控效果较好，MLF 对中长期利率调效果好。

7.1 引　　言

货币政策是宏观调控的重要手段，有效的货

币政策能促进经济发展目标的实现。近年来，我国经济发展已逐步进入新常态，新常态下经济金融环境的变化对央行货币政策工具的运用及其效果均会产生重要的影响。具体表现为经济增长速度放缓，小微企业和民营企业融资难问题更加突出，外汇占款增加导致货币供应量增加，使得以货币供应量为中介目标的数量型价格政策越来越难以发挥其作用。因此，自 2013 年以来，我国央行在继续制定实施传统货币政策的同时，相继推出了短期流动性调节（SLO）、常备借贷便利（SLF）、中期借贷便利（MLF）、抵押补充贷款（PSL）等创新型货币政策工具来应对经济环境的变化，调控我国宏观经济。那么央行创新型货币政策的实施，其政策效果如何，是否达到了政策预期等问题有待深入研究。

2018 年以来，随着国际国内形势的变化，调整货币政策的建议不断提出，受国内经济需求端结构性走弱、国际收支从双顺差转变为趋于平衡、宏观杠杆率高等诸多宏观因素的制约，货币政策不可能继续复制“大水漫灌”的强刺激策略，需要在新形势下有效利用创新型货币政策工具。因此，研究我国创新型货币政策工具的实施效果，对提高其有效性以及完善货币政策调控框架都有着重要的意义。

7.2 文献综述

西姆斯（Sims，1980）最早提出 VAR 模型来分析美德两国货币政策实施的效果，为货币政策的研究提供了新思路。费尔南多等（Fernando et al.，2007）分析对比了数量型和价格型货币政策工具的使用效果后，得出数量型货币政策工具实施效果更好，其中利率是最优的数量型货币政策工具。科伊武（Koivu，2009）论述了金融危机后世界各国央行为了促进经济恢复而采取的行动状况，发现在危机应对方面传统型的货币政策工具不能发挥很好的作用，无法应对危机过后的经济状况，要根据具体经济情况对其进行创新。范龙震（Fan，2011）研究了各国公开市场操作的工具箱，发现货币政策的种类不断在增加，其在一国宏观经济中的调控作用也越来越重要。

霍夫曼和佩斯曼（Hofmann and Peersman，2014）通过构建VAR模型分析了非常规货币政策的宏观经济效应，研究发现在短期利率降为零时，央行资产负债表的增长会导致经济和价格水平的暂时性增长，非常规货币政策能够在特定时期内避免经济出现断崖式的下跌，对于应对金融危机起到了积极的作用。

刘培根（2016）在我国经济新常态背景下，运用VAR模型分析了我国创新型货币政策工具的运用及其效果，该研究指出创新型货币政策工具在我国运用的效果显著，但在运用过程中也存在明显不足，并根据实证结果给出了相应的政策建议。孙丹、李宏瑾（2017）探究了我国经济新常态的背景下货币政策该如何创新。在对创新型货币政策比较分析后，仔细分析了具体操作中存在的问题，并对它的发展提出了适当的建议。陈丽英、乐明浚（2018）构建VAR模型来研究创新型货币政策工具对中介指标货币供应量和利率的影响，研究发现创新型货币政策工具的投放会使货币供应量增加，使市场利率下降，创新型货币政策工具对货币供应量的作用要多过于对利率的作用。赵燕、陈思嘉（2018）归纳了近年来我国货币政策转型与创新型货币政策工具的实践，并将其与其他国家比较分析指出我国创新型货币政策工具还存在欠缺的地方，央行应该继续疏通利率传导机制，丰富我国货币政策操作的工具箱。万光彩、叶龙生（2018）利用向量自回归模型对我国创新型货币政策工具运用效果进行分析，以M2融资规模作为评价指标探究了创新型货币政策工具的使用效果，发现创新型货币政策工具对M2调控能力良好，其中借贷便利类的政策工具最有效，但是它对社会融资规模贡献度低，调控能力差。余瑞敏、陈文府（2019）在粗略概述我国创新型货币政策的基础上，通过创建SVAR模型来检验创新型货币政策工具对利率、货币供应量和社会融资规模的作用。研究发现在对短期利率的影响上，抵押补充贷款和常备借贷便利效果明显，常备借贷便利和中期借贷便利都可以增加广义货币量，但对社会融资规模的实证检验则显示创新型货币政策工具所起作用相对较小。

综上所述，国内外学者对创新型货币政策的研究给本书的研究提供了参考。然而，国内外对创新型货币政策工具研究大部分都是创新型货币政策工具的原理、特点、影响等，对其操作机理和实施效果研究很少。因此，本书选取创新型的货币政策工具变量和中介变量指标建立模型，以此来对我国创新型货币政策工具的实施效果进行研究，以期更好地为我国今后使用创新型货币政策工具提供理论支撑。

7.3 创新型货币政策在我国的实践

7.3.1 创新型货币政策工具

7.3.1.1 短期利率调节工具

（1）短期流动性调节（SLO）。短期流动性调节（SLO），是短期流动性调节工具，以市场化利率招标操作，它的本质是超短期的逆回购。这是央行于2013年1月推出的创新型货币政策工具，回购交易时间不超过7天。根据货币调控的需要和银行体系流动性状况，央行来决定SLO的操作规模。SLO是在公开市场常规操作的间歇期使用。作为逆回购的补充，SLO的操作对象是资产状况良好、政策传导能力强的一部分金融机构。主要参与机构共有12家，分别为：中行、农行、工行、建行、交行、中信、招行、光大、民生、兴业、浦发、国开。央行允许这12家大中型银行每日上报逆回购需求，并在一个月后公开操作结果。它有利于中国人民银行有效调节短期资金供给，平抑了货币市场利率的波动，进一步加强了金融市场的稳定运行。

（2）常备借贷便利（SLF）。常备借贷便利（SLF），是央行2013年初创立的货币政策工具，是中国人民银行正常的流动性供给渠道。期限为1～3个月。SLF具体操作方式是抵押，符合央行要求的抵押品主要有信用评级高的债券资产及优质信贷资产等，但在特殊情况下也可采用信用借款的方式，从而向市场注入资金，释放流动性。它的对象包括城市商业银行、农村商业银行等金融机构，能够为金融机构提供期限较长的流动性需求。SLF 的主要特征：一是金融机构依据自身流动性需求向央行申请，提高了金融机构的主动性；二是 SLF 是央行与金融机构直接进行交易，更加便捷；三是 SLF 的交易对手范围广泛，也包括存款金融机构。这一工具疏通了央行对中小金融机构提供流动性供给的渠道，保证了货币政策的使用效果。

7.3.1.2 中长端利率调节工具

（1）中期借贷便利（MLF）。中期借贷便利（MLF），在 2014 年 9 月由中国人民银行创设。期限为 3 个月，通过中期借贷便利，符合宏观审慎要求的商业银行和政策性银行可以把优质债券作质押向央行申请借款。央行通过招标方式向商业银行或政策性银行发放贷款投放中期基础货币，这样它们就能够利用获得的借款来对小微企业和"三农"等领域发放贷款，这些领域的融资成本降低了，实体经济也就能得到很好的发展。其中，合格的质押品包括央行票据、政策性金融债等优质债券。事实上，MLF 通过调节金融机构中期融资成本进一步来支持特定对象的实体经济的发展，在此过程中它发挥的是中期利率的作用。与此同时，MLF 既符合央行稳定当期利率不易波动的要求又可以间接向市场投放基础货币，降低了货币市场的通货膨胀风险。

（2）抵押补充贷款（PSL）。抵押补充贷款（PSL）创立于 2014 年，它的期限一般大于 3 年，能够调控市场中长期利率。它的操作机制是央行接受商业银行用其合格的贷款资产作抵押以一定的折价率向自己申请借款，但商业银行需要支付一定的利息，而商业银行可以利用从央行获得融资的利率来引导中期利率。类似于再贷款，央行可以对种类不同的贷款设定不同的折扣率，这样商业银行就会对指定领域提供信贷支持，如基础设施和铁路；区别于再贷款是无抵押的，PSL 需要用优质债券、信贷资产等合格抵押品作抵押。央行要想精确地调节流动性规模与方向就可以随时调整抵押品的贴现率。PSL 的实施为基础设施建设提供了一定程度的融资支持。此外，PSL 使得短期与长期利率连接起来，为推进利率市场化奠定了基础。

7.3.2 当前我国创新型货币政策的应用分析

7.3.2.1 创新型货币政策的应用背景

2008 年全球金融危机后，货币政策的理论与实践陷入两难境地。为防止经济回落，各国中央银行不断创新货币政策工具，综合运用货币政策工具来保护实体经济，货币政策在促进经济复苏方面越来越重要。以美国为代表的中央银行相继推行量化宽松（QE），降低基准利率，向市场注入流动性以刺激经济。可外部融资条件的恶化和银行等金融机构在面对逐渐恶化的资产负债表时表现出“惜贷”的情绪，使市场陷入典型的“流动性陷阱”状态。为此，欧美等国都开始探索新状态下货币政策工具的创新，对于结构性货币政策工具的理论和实践探索逐步深入，推出各种类型的追求精确调控的定向措施，有选择地对某些特定领域加以调节并追求结构性的调节效果。例如，美联储推出扭转操作（OT）和日本央行推出贷款支持计划（LSP），其在促进货币政策传导和增加对实体企业信贷支持方面都发挥了积极作用。

近年来，我国经济发展已逐步进入新常态。在新常态下，我国外汇占款增速持续性下降，金融非中介化与影子银行的发展，使得以货币供应量为中介目标的数量型货币政策很难发挥作用。国内外各种“黑天鹅”和“灰犀牛”事件频发，“三农”和小微企业等领域融资难问题依然存在。我国的货币政策在维持经济合理增长的同时，还面临着及时补充银行流动性、防范金融风险的迫切需要。然而要促进货币政策结构调整，完善利率传导机制，改善社会融资环境，引导信贷资金流向，采用传统货币政策显然难以奏效。在此形势和背景下，我国央行相继推出短期流动性调节工具（SLO）、常备借贷便利（SLF）、中期借贷便利（MLF）和抵押补充贷款（PSL）等创新型货币政策工具，为市场提供流动性，优化社会资金配置，在我国货币政策调控中的作用日益凸显。

7.3.2.2 创新型货币政策运用现状

（1）短期流动性调节（SLO）。SLO 的首次应用发生在 2013 年 10 月底，截至 2016 年 1 月 20 日，央行共公布 SLO 操作 25 次，其中 22 次为流动性的投放，3 次为流动性的回笼。联系回购利率的情况，SLO 投放都发生在各月的中下旬，主要是因为当时流动性紧张、回购利率明显走升，其操作期限均小于 7 天，操作利率大于当期的 7 天逆回购利率。一般来说回购利率明显偏高时，央行采用 SLO 投放短期流动性；当流动性紧张状况缓解或趋向松动时，央行采用 SLO 回笼短期流动性。根据资料显示，SLO 操作完成后，2016 年 7 天逆回购利率始终稳定在 2.25% 的水平，7 天期的回购利率维持小幅波动，市场预期较为稳定。SLO 平抑短期利率波动的调控效果得到进一步增强。

（2）常备借贷便利（SLF）。在春节期间以及月末和季末，当货币市场利率容易发生波动时，合理进行常备借贷便利操作可以满足中小金融机构的短期流动性需求。2018 年，中国人民银行开展常备借贷便利操作共 4385 亿元。每季度操作额分别为 1069 亿元、1425 亿元、519 亿元、1372 亿元。期末余额为 928 亿元。央行持续发挥常备借贷便利利率作为“利率走廊”上限的作用，促进了货币市场平稳运行。央行在 2018 第一季度将常备借贷便利利率上调 5 个基点，此后一直保持稳定。常备借贷便利通常应用于月末，季末等市场利率容易发生大幅波动的时间。它可以有效地满足各类金融机构的临时流动性需求，平抑货币市场利率的波动，使货币市场利率水平稳定在合理区间。

（3）中期借贷便利（MLF）。为了弥补银行体系中长期流动性缺口，需要及时开展中期借贷便利操作，MLF 逐步成为央行基础货币供给的重要渠道。2018 年，中国人民银行累计开展中期借贷便利操作 49510 亿元，均为 1 年。每季度操作金额分别为 12235 亿元、11865 亿元、16640 亿元、8770 亿元，期末余额为 49315 亿元。第二季度中期借贷便利利率上行 5 个基点，此后在 2018 年保持稳定，最后一期操作 1 年期利率为 3.30%。与此同时，2018 年 12 月，中国人民银行创立了定向中期借贷便利（TMLF），为金融机构提供长期稳定资金来源，旨在支持小微企业和民营企业信贷投放从而促进银行信贷支持实体经济薄弱环节。中期借贷便利在每个月基本上投放不同的数额且不间断，对短期利率的影响很小，但它可逐步引导降低中长期债券利率。

MLF 可以保持银行体系中期流动性，是央行供给基础货币的重要途径。它也引导中期政策利率降低金融机构贷款利率和社会融资成本，以此促进实体经济发展。

（4）抵押补充贷款（PSL）。2018 年 11 月，中国人民银行对国开行、农发行和中国进出口银行三家银行增加抵押补充贷款共 255 亿元，截至 11 月底，抵押补充贷款月末余额为 33366 亿元。与此同时，截至 12 月末，净增加抵押补充贷款共 429 亿元，抵押补充贷款余额为 33795 亿元。2019 年 1 月，央行开展 PSL 共 310 亿元，PSL 余额为 34105 亿元。截至 2019 年 2 月份，抵押补充贷款净增加 719 亿元。从数据来看，抵押补充贷款的每月的操作在长期利率的形成和变动过程中一直发挥作用。从抵押补充贷款在我国目前的实施情况来看，其发挥的调控效果还是很好的。它的实施使金融机构增强了对小微企业等领域的信贷支持，从而一些经济建设的领域的融资成本也降低了，我国实体经济的发展的劲头进一步增强。

7.4 实证检验

根据货币政策传导过程理论，货币政策先是作用于中介变量后再作用于宏观经济，因而研究货币政策工具是否有效，可以通过检验在货币政策传导过程中货币政策工具的运用是否导致中介目标变量的变化来证明。

一般来说，货币政策传导过程中，货币供应量和利率是不可或缺的两个中介变量。当货币政策先影响货币供应量时，货币供应量的变化会使得银行的可贷资本发生变化，银行再将这些资本贷出向市场释放流动性，从而影响整个经济；当货币政策先影响利率时，利率若上升，微观主体面临的贷款成本就会增加，进而使得投资、消费下降，进而影响宏观经济变化。创新型货币政策工具的作用机制、传导过程和传统型货币并没有太大区别，都是通过影响中介变量发生变化为市场提供流动性和降低资金成本。因此，本章对创新型货币政策的实证检验选取了货币供应量和利率作为中介变量，通过创新型货币政策工具运用后引起货币供应量和利率的变化情况来具体说明创新型货币政策在我国的实施效果。

本书将多种创新型货币政策工具联系起来，基于货币政策传导过程，选取多种货币政策工具变量指标和中介目标变量指标建立向量自回归模型（VAR），对创新型货币政策工具能否引起中介目标变量指标的变化来对创新型货币政策工具的实施效果进行检验。

7.4.1 模型介绍和变量说明

7.4.1.1 模型介绍

VAR 模型适用于处理多个相关经济指标的分析与预测，目前已得到广泛应用。它没有任何事先的约束条件，使用回归方法对当期变量和所有变量的一些滞后期变量进行分析，用来评估联合内生变量的变动关系。因现在学术界对创新型货币政策的作用机制尚没有定论，为了使经济理论与现实更加符合，本书主要是用 VAR 模型进行实证检验，更直观地通过具体的数据来展现变量间的关联性，这样就能够更加贴近其作用的实际效果。VAR 模型的数学表达式为

$$y_t = \varphi_1 y_{t-1} + \cdots + \varphi_p y_{t-p} + HX_{it} + \varepsilon_t \tag{7.1}$$

在这里 y_t 是 k 维因变量向量，X_{it}为自变量向量，p 是滞后阶数，ε_t 是误差向量，这个模型是可以同期相关的，它与自身滞后值和其他变量是不相关的；一般来说 t 的取值为 1，2，…，T；剩下的项都是待估系数矩阵。

7.4.1.2 变量说明

（1）自变量的选取。本书选取了 4 个创新型货币政策工具作为自变量。各个解释变量如下：

①SLO：由于 SLO 在 2016 年 1 月份后至今央行没有再对它进行操作，而从之前公开的数据来看，它的操作期限大部分都是 7 天，又因为 SLO 本质是短期逆回购，所以本书选取 7 天期的全国银行间质押式回购交易量来代替 SLO 的交易量。

②SLF：常备借贷便利月度期末余额，数据来源于央行的常备借贷便利操作公告。

③MLF：中期借贷便利月度期末余额，数据来源于央行的中期借贷便利操作公告。

④PSL：抵押补充贷款月度期末余额，数据来源于央行对它的操作公告。

（2）因变量的选取。

本书选取 M2 和 1 月期上海银行间同业拆放利率（R）作为两个中介指标来衡量创新型货币政策工具的实施效果。各个因变量如下：

①M2：广义货币供应量的月度增量值。根据我国货币体系，中国人民银行在执行货币政策时大都是以广义货币供给量 M2 作为中介指标。因此本书将选择 M2 的月度数据作为衡量创新型货币政策实施效果的中介变量指标。而 M2 是存量指标，因此要将 M2 转化为增量指标。就是用 M2 当月存量值减去上月存量值，用两者之间的差额来反映 M2 的月度增量水平。

②R：1 月期上海银行间同业拆放加权平均利率月度值。由于我国利率市场化不断发展，银行存款利率上限和贷款利率下限全面放开，银行间的同业拆借利率逐步形成了我国的基准利率，它是我国官方打造的市场化最高的利率，可以在很大程度上反映出社会资金的需求状况。此外由于创新型货币政策公开的数据都是按月操作的，因此选取 1 月期上海银行间同业拆放利率（Shibor）作为中介变量的利率指标。

7.4.2 数据处理

数据区间选在了 2015 年 5 月至 2019 年 2 月。所有数据都出自中国人民银行网站，经收集整理取得。对于自变量的处理，除 SLF 因为有些月份没有操作无法进行季节性调整外，短期流动性调节（SLO）、中期借贷便利（MLF）和补充抵押贷款（PSL）都通过 Census X-13 方法进行了季节性调整来消除季节性影响、进行对数处理去除异方差性，之后变量分别记作 LNSLF、LNSLO、LNMLF、LNPSL。对于因变量的处理，对广义的货币供应量 M2 增量值、1 月期上海银行间同业拆放加权平均利率的月度值 R，也运用 Census X-13

调整法进行季节性调整、对数化处理后分别记作 LNM2、LNR。一阶差分后自变量分别用 D（LNSLF）、D（LNSLO）、D（LNMLF）、D（LNPSL）表示，因变量分别用 D（LNM2）、D（LNR）来表示。

本书通过 ADF 检验方法对每个变量的平稳性进行检验。检验结果如表 7.1 所示，未经差分的变量 ADF 检验是非平稳序列。经过一阶差分后，所有变量 ADF 统计量均小于 1% 显著水平下的临界值，因此不接受原假设，各变量均为平稳序列。在进行一阶差分后各个变量都是一阶单整序列，因此各个变量的平稳性特征满足进行协整检验和 VAR 分析的条件。

表 7.1　　　　平稳性检测结果

变量	ADF 统计量	1% 临界值	5% 临界值	10% 临界值	检验结果
LNM2	-1.13	-2.62	-1.95	-1.61	非平稳
D（LNM2）	-11.71	-2.62	-1.95	-1.61	平稳
LNMLF	-2.44	-3.59	-2.93	-2.60	非平稳
D（LNMLF）	-7.40	-3.59	-2.93	-2.60	平稳
LNPSL	-3.53	-4.18	-3.51	-3.19	非平稳
D（LNPSL）	-10.37	-4.18	-3.52	-3.19	平稳
LNR	-2.23	-3.58	-2.93	-2.60	非平稳
D（LNR）	-8.28	-3.59	-2.93	-2.60	平稳
LNSFS	-0.06	-2.62	-1.95	-1.61	非平稳
D（LNSFS）	-8.80	-2.62	-1.95	-1.61	平稳
LNSLF	-1.11	-3.59	-2.93	-2.60	非平稳
D（LNSLF）	-21.90	-3.59	-2.93	-2.60	平稳
LNSLO	-2.38	-3.59	-2.93	-2.60	非平稳
D（LNSLO）	-10.10	-3.59	-2.93	-2.60	平稳

7.4.3 协整分析

判断变量时间是否存在协整关系的依据是迹统计量与0.05临界值的大小比较。当迹统计值大于临界值时，原假设不成立，反过来则是成立的。根据平稳性检验结果，所有变量均为同阶单整序列，因此具备了进行协整检验的条件。协整关系表示变量之间长期均衡的数量关系。

7.4.3.1 创新型货币政策工具和M2的协整关系检验

根据检验结果可知：在“不存在协整关系”的原假设下，迹统计量大于5%的显著性水平p值小于0.05，不接受原假设，那么变量之间存在协整关系。从表7.2可以看出，存在1个协整关系。得到LNM2的协整方程：

$$LNM2 = 3.130LNMLF + 19.748LNPSL + 2.250LNSLF - 11.009LNSLO - 124.360$$
$$(-5.12) \quad (-1.09) \quad (-1.39) \quad (-6.35) \quad (-2.94)$$

表7.2　LNSLO、LNSLF、LNMLF、LNPSL与LNM2序列协整检验结果

协整向量个数	特征值	迹统计量	5%显著水平临界值	p值
没有	0.62	92.60	76.97	0.00
至多一个	0.50	51.01	54.08	0.09
至多两个	0.24	21.45	35.19	0.63
至多三个	0.15	9.62	20.26	0.68
至多四个	0.06	2.50	9.16	0.68

根据协整方程可以看出，SLO与M2之间具有负向的相关关系。SLF、MLF、PSL和M2之间具有正向的相关关系，即常备借贷便利、中期借贷便利和抵押补充贷款的运用可以提高广义的货币供应量增量。中期借贷便利（MLF）每上升1个单位，广义的货币供应量就会增加3.130个单位。抵押补

充贷款（PSL）每上升1个单位，广义货币供应量就会扩大19.748个单位，常备借贷便利（SLF）的数值每上升1个单位，广义的货币供应量就会扩大2.250个单位。由此可以看出补充抵押贷款对广义货币供应量影响程度要大于常备借贷便利和中期借贷便利。同时因为短期流动性调节（SLO）与广义货币供应量增量之间具有负向的相关关系，这也就解释了短期流动性调节自2016年后不再作为央行调控货币政策的工具。

7.4.3.2 创新型货币政策工具和利率的协整关系检验

由以表7.3的结果可知：在“不存在协整关系”的原假设下，迹统计量大于5%的显著性水平，相应的p值小于0.05，不接受原假设，那么变量之间存在协整关系。在“至少存在两个协整关系”的原假设下，迹统计量大于5%的显著性水平，相应的p值小于0.05，拒绝原假设，变量之间存在3个协整关系。得到LNR的协整方程：

$$LNR = -0.503LNMLF - 0.309LNPSL - 0.421LNSLF + 0.582LNSLO + 1.984$$
$$(-0.072) \quad (-0.126) \quad (-0.015) \quad (-0.11) \quad (-1.014)$$

表7.3　LNSLO、LNSLF、LNMLF、LNPSL与LNR序列协整检验结果

协整向量个数	特征值	迹统计量	5%显著水平临界值	p值
没有	0.70	125.56	76.97	0.00
至多一个	0.61	75.04	54.08	0.00
至多两个	0.39	35.86	35.19	0.04
至多三个	0.24	15.27	20.26	0.21
至多四个	0.08	3.55	9.16	0.48

从协整方程可以看出常备SLF、MLF、PSL和R之间存在着负向的关系。也就是说，常备借贷便利、中期借贷便利和抵押补充贷款的操作能够有效地

降低1月期银行同业拆借利率。当中期借贷便利（MLF）的数值每增加1个单位，1月期银行同业拆放加权利率将减少0.503个单位；抵押补充贷款（PSL）的数值每增加1个单位，利率就会下降0.309个单位；常备借贷便利（SLF）的数值每增加1个单位时，利率减少0.421个单位。可以中期借贷便利对1月期银行同业拆放加权利率影响程度要大于常备借贷便利和抵押补充贷款。短期流动性调节和1月期银行同业拆放加权利率存在着正向的关系，因而其对于调节市场利率也是无效的。

7.4.4 脉冲影响分析

本书分别采用LNM2和LNR与创新型货币政策LNMLF、LNPSL、LNSLF、LNSLO构建VAR模型1和VAR模型2，分析创新型货币政策对货币供应量M2和利率R的影响。本书依据LR检验、FPE检验、AIC信息准则、SC准则、HQ检验对VAR模型的滞后阶数进行判定，确定模型1和模型2的最优滞后阶数都是3阶。

依据图7.1和图7.2可知，模型1和模型2的所有AR根都在单位圆内，说明模型具有稳定性。

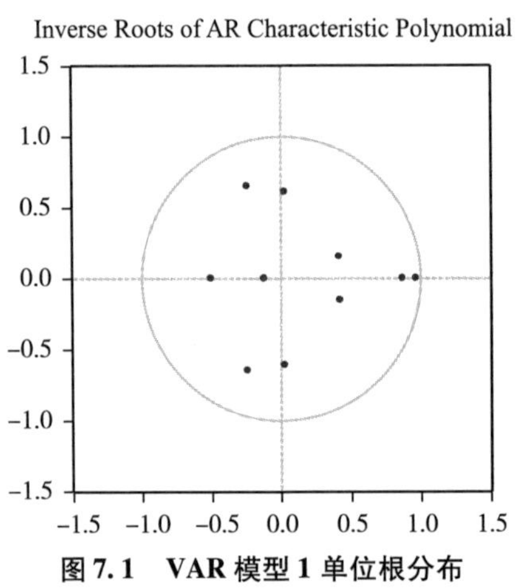

图7.1　VAR模型1单位根分布

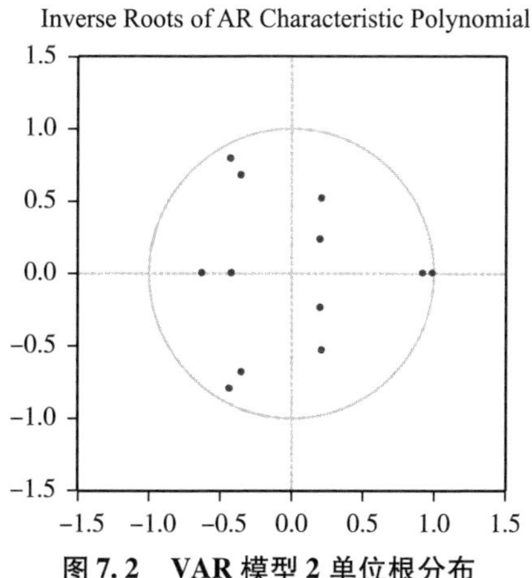

图 7.2　VAR 模型 2 单位根分布

本节运用脉冲响应函数，分析创新型货币政策工具分别与广义货币供应量增量 LNM2 和上海银行间同业拆放加权平均利率 LNR 的相互关系，即分析工具变量的扰动项影响是如何传播到 LNM2 和 LNR 的。具体脉冲响应分析结果如下：

图 7. 3 为 VAR（M2）的脉冲响应图。从图 7. 3 中可以看出，当其他变量不变时，给 LNMLF 1 个单位正向冲击后，M2 增量立刻发生反应，在第 2 期正向影响最大，第 3 期影响快速减弱，之后小幅震荡；由 LNPSL 的脉冲影响分析可知，给其 1 个单位的正向冲击后，在第 2 期的时候对 LNM2 产生较大正向影响，且正向影响达到最大，在第 3 期时影响快速减弱并转为负向影响，第 4 期时负向影响达到最大，之后影响趋于 0；给 LNSLF 1 个单位正向冲击，在第 4 期的时候对货币供应量产生较大的负向影响，且负向影响达到最大，之后影响呈现震荡减弱的态势。说明从整体看，MLF、PSL 和 SLF 都发挥了增加广义货币供应量的作用，尽管三者的作用期限类似，但 PSL 作用最大。由 LNSLO 的脉冲响应图可知，变量短期流动性调节 1 个单位正向冲击对货币供应量产生较小的影响，且这种影响呈现微弱的震荡态势，即说明了短期流动性调节对增加广义货币供应量的作用有限。

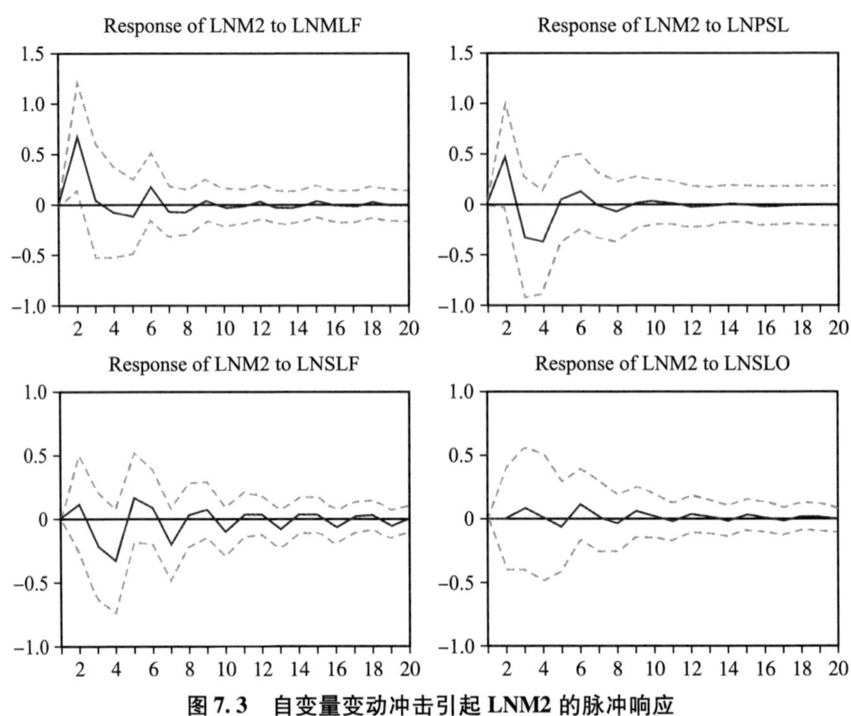

图 7.3　自变量变动冲击引起 LNM2 的脉冲响应

注：图中实线表示冲击响应函数，虚线表示 95% 的置信区间。

图 7.4 为 VAR（R）的脉冲影响图。在给变量中期借贷便利 1 个单位正向冲击后，1 月期上海银行间同业拆放加权利率的影响不是很大，在第 2 ~ 5 期的时候正向影响逐渐增大，在第 6 期时影响达到最大，并且持续存在，这表明变量中期借贷便利对 1 月期银行同业拆放加权利率的影响有一定的滞后性和持续性；在受到一个抵押补充贷款 1 个单位正向冲击后，利率产生较大负向响应，且在第 1 ~ 6 期的时候负向影响快速增加，在第 6 期以后负向影响缓慢增加，表明变量抵押补充贷款对 1 月期银行同业拆放加权利率产生负向影响且负向影响不断增加；利率在当期受到 1 个常备借贷便利的冲击后，在第 1 ~ 4 期产生较小的正向影响，从第 5 期开始影响由正转为负向，且负向影响缓慢增加；在给短期流动性调节 1 个单位正向冲击后，对利率产生正向影响，且这种影响具有持续性。

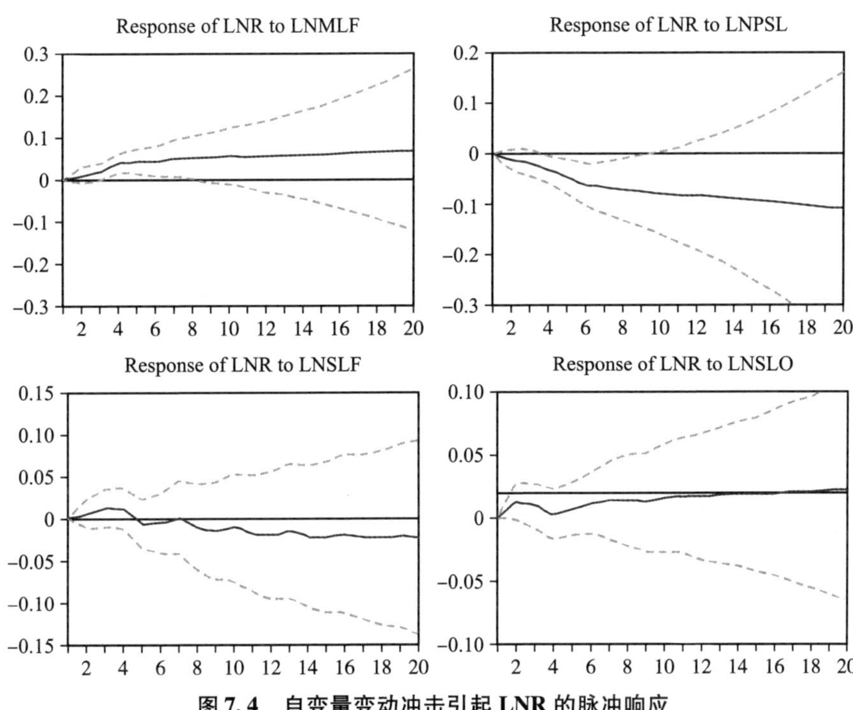

图 7.4　自变量变动冲击引起 LNR 的脉冲响应

注：图中实线表示冲击响应函数，虚线表示 95% 的置信区间。

7.4.5　方差分解分析

利用方差分解技术分析工具变量对 LNM2 和 LNR 的贡献度，取时期为 20，结果如表 7.4 和表 7.5 所示。

表 7.4　　LNM2 的方差分解

时期	S. E.	LNM2	LNPMLF	LNPSL	LNSLF	LNSLO
1	1. 37	100. 00	0. 00	0. 00	0. 00	0. 00
5	1. 88	66. 65	3. 83	13. 64	5. 58	0. 30
10	1. 92	64. 00	4. 45	13. 67	7. 11	0. 78
15	1. 93	63. 70	4. 47	13. 61	7. 35	0. 87
20	1. 93	63. 53	4. 46	13. 58	7. 52	0. 90

表 7.5　　　　LNR 的方差分解

时期	S. E.	LNR	LNMLF	LNSLF	LNPSL	LNSLO
1	0.05	100.00	0.00	0.00	0.00	0.00
5	0.12	40.92	7.21	5.82	4.92	1.23
10	0.24	14.45	7.14	5.60	4.55	1.17
15	0.34	9.23	7.09	5.34	4.41	1.40
20	0.45	7.32	7.85	5.06	4.29	1.48

从表 7.4 的 LNM2 方差分解结果可以看出，抵押补充贷款对广义的货币供给量贡献最大，常备借贷便利次之，而后是中期借贷便利。第 2 期常备抵押补充贷款贡献度最大，之后逐渐加大，后期都逐步稳定下来，也可以看出抵押补充贷款有些时滞，要到第 3 期才能形成强烈的反应；常备借贷便利和中期借贷便利在第 2 期贡献度最大，后面几期数值趋于稳定，也就是常备借贷便利和中期借贷便利对广义货币供应量传导较为顺畅，但作用有限。短期流动性调节对广义货币供应量贡献最小，影响甚微，因而其作为货币政策手段已退出创新型货币政策工具体系。

从表 7.5 的 LNR 方差分解结果可知，对利率的贡献度中期借贷便利是最大的，常备借贷便利次之，而后才是抵押补充贷款。随着滞后期增长中期借贷便利对利率的贡献度逐步提高；常备借贷便利在第 5 期贡献度达到最大 5.820，后面逐步衰减；抵押补充贷款对利率的贡献度也是在第 5 期达到最大，后面逐渐减小。但总的来看，创新型货币政策工具对利率有影响，但对其贡献度不高。

7.5　本章小结

首先，创新型货币政策可以增加货币供应降低利率。SLF、MLF、PSL 与广义货币供应量增量 M2 存在正向协整关系，这表明 SLF、MLF、PSL 的使用可以提高广义货币供应量向市场注入流动性。创新型货币政策工具主要是对符合条件的金融机构实施，促使这些金融机构发挥媒介作用合理配置社会所需资金，支持符合国家政策的经济关键领域发展，更好地为实体经济的发展助力。而创新型货币政策工具能够影响广义货币供应量也能从侧面说明央行投放的流动性不仅能在金融系统内流转，而且能够转化成为社会经济运行服务的货币供应量。SLF、MLF、PSL 对 1 月期上海银行间同业拆放利率 R 为负向的协整关系，表明创新型货币政策工具的实施有利于降低市场利率，央行利用创新型货币政策工具向符合条件的金融机构提供较低成本的资金，金融机构的资金成本相应就会降低，进而促进社会融资成本下降，从而能更好地为实体经济服务。

其次，创新型货币政策调控有效，但影响程度较弱。通过脉冲响应图和方差分解表的分析，PSL 的冲击能引起货币供应量较大的响应说明它贡献最大，因而 PSL 可以有效地增加广义货币供应量；SLF 的冲击能迅速地引起利率的响应，并且作用较为强烈，MLF 和 PSL 冲击都能较快地引起利率的响应，但反应较小。这验证了我国央行通过 SLF 调控市场利率的“利率走廊”调控工具的有效性。创新型货币政策工具对利率贡献度的实证检验结果表明，目前我国一些创新型货币政策工具对利率的贡献度总体上还比较弱，还需要进一步加强和完善我国的利率传导渠道。

最后，加强传统型与创新型货币政策的协调使用。创新型和传统型货币政策各有所长，掌握创新型与传统型货币政策工具的共性与差异，促进货币政策工具之间的优化组合，更好地发挥其政策效果。与此同时，央行也应该根据经济形势的变化，不断做出相应的调整协调来使用货币政策工具，构建货币政策工具的最优组合，发挥组合功能的最大化。

| 第8章 |

人民币离岸市场对我国创新型货币政策效果的影响研究

香港作为最大的人民币离岸市场，其将在一定程度上对我国内地货币政策产生影响。香港人民币离岸市场通过汇率机制和利率机制影响内地货币供应量和利率水平，进而影响内地货币政策效果。本章通过构建VAR模型并模拟，对比分析不同情景下创新型货币政策效果，研究表明：第一，创新型货币政策实施初期，由于套汇套利行为引发的跨境资金流动影响了货币政策实施效果，甚至导致政策目标变量波动方向与理论预期相反的结果。第二，对不同情景的模拟表明，未包括香港人民币离岸市场情景下的模拟政策目标变量波动幅度均低于实际数据，而包括香港人民币离岸市场的模拟结果则更接近于实际数据。其政策含义为，未考虑资本漏出影响下的货币政策预期将低估经济的波动性，从而降低货币政策实施效果。

8.1 引　　言

香港人民币离岸市场自 2010 年 7 月正式建立之后，其人民币离岸报价逐渐成为离岸人民币的核心价格。2014～2017 年期间沪港通、深港通和债券通等政策的陆续实施，丰富了内地与香港之间的资金往来渠道。上述“三通”政策的出台，进一步确立了香港在人民币离岸市场中的核心地位，推动香港人民币离岸市场快速发展。2019 年香港离岸人民币交易金额为 149.22 亿元，同年 12 月，香港对内地贷款总额达到 45637.50 亿港元，在香港的人民币存款超过 6322.07 亿元，香港对内地所持债权为 5034.41 亿港元和 24859.74 亿外币，债务则为 9554.51 亿港元和 16639.43 亿外币。[①] 迄今为止，有 70% 以上人民币的交易和结算业务经由香港开展，香港已成为连接内地与国际资本的重要窗口，香港与内地之间的资金双向流动规模持续上升。

由于在岸与离岸市场机制的差异，导致对同一市场信号特别是货币政策信号定价的不一致，进而形成汇差和利差。在当前内地资本项目尚未全面开放的情况下，利差和汇差会吸引投机资金的套利活动。这将导致内地实际货币供给量和利率水平发生改变，进而影响央行对货币政策条件的准确判断，不利于实现既定的货币政策目标。作为传统货币政策的重要指标，人民币存款基准利率自 2012 年 7 月至今一直维持在 0.35% 的水平，政策调控空间有限。为了维持合理的流动性，缓解银行系统的流动性紧缺以及经济增长放缓等问题，从 2013 年开始中国人民银行陆续实施了常备借贷便利、中期借贷便利和抵押补充贷款等创新型货币政策。那么在人民币离岸市场不断发展的同时，创新型货币政策的工具实施效果如何？香港离岸市场对创新型货币政策又有何影响？

---

① 香港金融管理局网站：https：//www.hkma.gov.hk。

香港人民币离岸市场的建立是我国资本开放过程中的重要一环。研究香港离岸市场对内地货币政策效果的影响，将为我国资本市场全面开放积累经验，在资本市场不断开放的同时保持货币政策的有效性，提高货币政策调控效果。

8.2 研究文献综述

已有研究多集中在汇率对货币政策效果影响以及货币政策对汇率的影响方面，较少涉及离岸市场对创新型货币政策效果影响的研究。

8.2.1 汇率波动与货币政策有效性的研究

第一，在汇率波动对货币政策的影响方面，已有研究大多只涉及本国在岸汇率对货币政策的影响，罕有关于离岸在岸汇率联动下货币政策效果的研究，尤其是汇率波动下创新型货币政策有效性的研究则基本处于空白。

阿德勒等（Adler et al.，2018）采用 DSGE 模型研究得出，在两国合作模式下汇率波动幅度大，进而缓冲负向的经济冲击和温和的非常规货币政策。丹妮和施纳布尔（Danne and Schnabl，2008）研究认为汇率对日本货币政策有显著影响。随着意愿结售汇制度的实行和人民币汇率弹性的增强，央行的货币自主性得以加强，人民币汇率制度改革后，中国货币政策变得更为有效（唐琳、胡海鸥，2016；吴晓芳、谢建国、葛秋颖，2017）。张翔、何平、马菁蕴（2014）发现，人民币汇率弹性增强后货币供给冲击对经济的影响被更缓慢地释放，我国货币政策调控将获得更大的空间，使得货币政策更具有灵活性。也有研究认为较大的人民币汇率波动将显著干扰货币政策对宏观经济需求的调控（周建、赵琳，2016）；新汇率制度对我国货币政策绩效的改善效应并不明显（詹小颖，2012；朱惠、潘琦，2012）。在货币政策目标方面，汇率锚和通货膨胀盯住制的货币政策框架日益盛行（刘晓辉、张璟，2018）。赵鹏（2008）讨论了宏观政策遭遇保持人民币币值稳定和以加息手段抑制通货膨胀不可兼得的两难困境。许少强、张记伟（2009）研究表明为应对外汇占款增加而导致的通货膨胀压力，货币当局的货币政策是紧缩性的。若中央银行以维持外汇市场“均衡区制”作为汇率政策目标，有效推动“偏离区制”向“均衡区制”回归，则可引导市场预期，使市场自我调节机制更好地发挥作用（王芳、甘静芸、钱宗鑫、何青，2016）。赵玉娟（2007）采用调整的 M-F 模型研究得出在“软钉住汇率制”下，货币政策有效性削弱。

第二，在货币政策对汇率的影响方面，多从货币政策对汇率的影响程度及持续性等视角进行研究，较少涉及因货币政策引起汇率波动，进而导致货币政策效果发生变动的研究。

秦等（Qin et al.，2018）证明中国的货币政策可以显著降低人民币汇率和 Shibor 利率间多重分型的交叉关系。随着货币政策信息可获得性的提高，汇率的波动性下降，货币政策的突然性对汇率有显著影响（Beckmann and Czudaj，2017）。我国货币供应量和利率，会对人民币汇率产生显著的影响，其中人民币货币供应量增加会引起人民币汇率贬值，银行间信用隔夜拆借利率上升可以引起人民币汇率升值（蔡旺春、李光明，2014）。我国采取紧缩性货币政策减少货币供应量会引起人民币兑美元汇率持久性升值（赵文胜、张屹山，2012）。紧缩性货币政策冲击引起的货币升值的峰值，小国为一个季度，而欧元区和日本则需更长的时期（Faust and Rogers，2003；Fisher and Huh，2016）。崔百胜（2017）研究表明人民币实际有效汇率面临不同政策冲击时，各滞后期脉冲响应存在很强的一致性和同步性。白玥明（2015）则发现美国货币政策信号对人民币汇率冲击最为显著，宽松货币政策信号会带来人民币升值压力，紧缩货币政策信号会带来人民币贬值压力。李婷、岳金桂（2015）研究证明我国货币政策对人民币汇率的长短期波动均产生显著影响，且存在“逆经济风向”的操作特征。然而相对于理论模型，利率和汇率之间的联系存在更多不确定性（Leitemo and Söderström，2005）。政策调控在取得了巨大成效的同时也导致了沉重的调控成本（马国轩、于润，2013）。

8.2.2 创新型货币政策方面

已有关于创新型货币政策的研究，对创新型货币政策的传导机理、渠道以及作用机制和效果进行了较为详细深入的分析。

秦伟广等（2015）系统讨论了非常规货币政策的传导机制以及不同传导渠道之间的内在关系，包括货币政策沟通机制、扩大中央银行资产负债表规模和调整资产负债表结构机制。蔡键等（2016）认为尽管非常规货币政策在稳定金融市场和修复金融系统功能方面效果明显，但政策效果存在边际递减，而且对通货膨胀和产出等最终目标的效果也低于预期。我国创新型货币政策的实施提高了基础货币的供给水平，有利于改善政策调控的灵活性和精确性，有利于降低利率波动和流动性风险（邓伟、袁小惠，2016）。余振等（2016）研究了 PSL 的作用机制和实施方式等，并实证检验得出 PSL 货币政策的效果显著性。马理等（2017）研究了定向降准货币政策的效果，结果表明定向降准政策对不同行业有差异性影响。巴曙松等（2018）在对非传统货币政策进行系统梳理分析的基础上，实证研究表明非传统货币政策在稳定金融系统和降低利率方面效果显著，并且相较于其他货币政策而言，中国的创新型货币政策效果更好。我国的创新性货币政策对 M2 有较好的调控效果，特别是借贷便利政策效果尤为明显，但对社会融资规模的调控效果较差（万光彩、叶龙生，2018）。成学真等（2018）研究认为我国的创新型货币政策都有助于经济增长，并且相对于数量型货币政策而言，利率导向型货币政策的效果显著。

已有文献对汇率在货币政策传导中的作用及受货币政策影响方面进行了研究，但涉及香港人民币离岸市场对我国货币政策效果影响的研究较少。随着香港人民币离岸市场快速发展，在利率平价机制和一价定律的作用下，资金在离岸和在岸间的跨境流动性进一步增强。那么离岸和在岸间的跨境资金流动是否影响我国创新型货币政策效果？本章在梳理分析香港人民币离岸市场对我国创新型货币政策影响机理的基础上，构建模型实证检验并模拟香港人民币离岸市场对我国创新型货币政策实施效果的影响。

8.3 影响机制分析

香港人民币离岸市场对内地货币政策的影响机制主要包括人民币升值或贬值预期引发人民币跨境套汇活动，内地与香港间利差引发的人民币跨境套利活动。套汇套利的短期资本流动往往导致一国货币供应量产生剧烈波动，使得货币供应量与实体经济活动间的相关程度日趋下降（宋翠玲、乔桂明，2014），从而降低一国货币政策实施效果。

8.3.1 套利机制

依据利率平价理论，在套利动机下投资者偏向于从低利率国家借款，而投资于高收益国家的金融资产。本书参考王庆龙、刘力臻（2019）关于套利机制的研究，假定离岸在岸套利是采用人民币信用证，通过内保外带形式进行套利活动。当 $r_Y > r_H$ 时，内地公司向银行以利率 r_Y 存入金额 $Q_¥$ 的人民币，银行开具金额 $Q_¥$ 的信用证。之后，该公司用信用证支付香港关联公司的进口货款。香港关联公司则以人民币信用证为抵押，在香港银行获得利率为 r_H 的人民币贷款 $Q_¥$ 或美元贷款 $Q_\$$。具体而言有三种不同形式的套利方案：第一种方案，香港公司申请人民币贷款，并获得收益 $Q_¥(r_Y - r_H)$。第二种方案，香港公司申请美元贷款，获得收益为 $Q_¥(r_Y - r_H) + Q_\$(CNH - CNH_T)$，其中 CNH_T 为时期 T 贷款偿还时的人民币兑美元汇率。第三种方案，香港公司申请美元贷款，同时购买远期外汇进行风险对冲，此时收益为 $Q_¥(r_Y - r_H) + Q_\$(CNH - NDF) - C$，其中 NDF 为无本金交割的人民币兑美元远期汇率，C 为进行对冲操作的成本。以上三种套利过程导致在岸存款上升，货币供给增加和利率下降；香港离岸贷款需求上升，货币供给下降和利率上升。反之，$r_Y < r_H$ 时，套利机制导致在岸货币供给下降和利率上升，香港离岸货币供给增加和利率下降。

香港离岸市场通过跨境资本流动的利率平价效应影响境内货币供应量和利率水平，进而影响货币政策效果。扩张性的货币政策使得人民币在岸市场的货币供应量增加和利率下降，进而使得人民币在岸与离岸负向利差增大（$r_Y - r_H$）。在套利机制作用下，资金从在岸市场流向离岸市场。反之紧缩性货币政策使得人民币在岸市场的货币供应量下降和利率上升，套利资金从离岸流入在岸市场。套利活动的存在将导致内地实际货币供应量和利率水平发生改变，而货币供应量和利率是央行政策调控的重要中介目标，这势必影响货币政策的实施效果。

8.3.2 套汇机制

套汇活动分为贸易结算套汇和投机性套汇。王庆龙、刘力臻（2019）研究结果表明，跨境贸易人民币结算具有一定程度的投机属性，导致跨境贸易人民币结算收付比长期受套汇行为的影响。当 CNH > CNY 时，进口商将采用在岸兑换外币并结算，节约成本为 $Q_{\$}(CNH - CNY)$；当 CNH < CNY 时，进口商将在香港离岸市场兑换外币并结算，节约成本为 $Q_{\$}(CNY - CNH)$，此时人民币由在岸流向离岸市场。当 CNH < CNY 时，出口企业选择在岸市场将收取的外汇兑换人民币，此时获取额外收益为 $Q_{\$}(CNY - CNH)$，此时在岸市场人民币货币供给增加；当 CNH > CNY 时，出口企业选择在离岸市场将收取的外汇兑换成人民币，获取的额外收益为 $Q_{\$}(CNH - CNY)$，此时离岸人民币供给增加。投机性套汇方面：当 CNH < CNY 时，内地企业用数量为 $Q_{\$}$ 的美元在在岸市场兑换为数量 Q_{CNY} 人民币并支付给香港关联企业，香港关联企业在离岸市场兑换为数量 $Q_{\$CNH}$ 的美元，并获取数量为 $Q_{\$}(CNY - CNH)$ 的收益，此时人民币从在岸流向离岸市场。反之当 CNH > CNY 时，投机性套汇行为导致人民币从离岸流向在岸市场兑换美元。

香港离岸市场通过跨境贸易结算和投机性套汇影响境内货币供应量和利率水平，进而影响货币政策效果。扩张性的货币政策使得在岸货币供应量增加，人民币贬值预期上升。由于市场定价机制的差异，香港离岸市场将比在岸市场出现更大幅度的波动，进而导致人民币在岸离岸汇差增大（在岸汇率减去离岸汇率）。此时，进口商更倾向选择在岸市场兑换美元，出口企业则选择在香港离岸市场将美元兑换成人民币，套汇资金则由离岸流入在岸市场并兑换美元，最终表现为在岸资金的流出。反之，资金流入在岸市场。套汇活动将导致内地货币供应量发生变化，同时还将对在岸人民币市场实际利率产生影响，进而影响货币政策的实施效果（见图 8.1）。

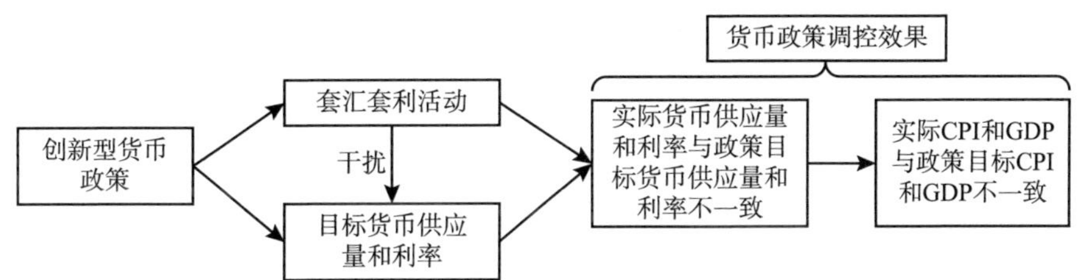

图 8.1　香港人民币离岸市场对内地货币政策效果影响机制

此外，人民币离岸市场受到更强的国际因素影响，离岸市场的波动也会导致汇差和利差的波动产生，进而导致的套汇套利行为对内地货币政策的实施效果产生影响。

8.4　实证检验

8.4.1　模型构建与变量选取

8.4.1.1　模型构建

依据上述理论分析人民币离岸在岸汇差和利差与内地货币政策和宏观经济存在相互影响的关系。同时货币政策的调整依赖于宏观经济变量的实际运行结果，而货币政策的变化又对宏观经济变量产生影响。向量自回归模型

（VAR）可以刻画变量间相互作用和传导的过程，以及经济变量波动存在时滞性的特征。据此本书将香港离岸市场影响因素包括汇差、利差和热钱，创新型货币政策、货币政策中介目标以及最终目标作为内生变量构建 VAR 模型，如式（8.1）所示：

$$y_t = A_1 y_{t-1} + \cdots + A_p y_{t-p} + Bx_t + \varepsilon_t \tag{8.1}$$

其中，y_t 是 k 维内生变量向量，y_{t-p}代表内生变量向量的 P 阶滞后变量，表明新一期的经济运行依赖于前期的经济运行结果。A_1，…，A_p 是滞后内生变量向量对当期变量的影响系数，其衡量了当期经济运行受前期经济运行结果影响的程度。x_t 是 d 维外生变量向量，其对内生变量代表的经济系统产生影响，但不受经济系统的影响。B 是外生变量 x_t 的待估系数矩阵，衡量了外生变量对经济系统的影响程度。ε_t 是信息向量，代表当期信息冲击而导致内生变量波动的程度，是除了内生滞后变量和外生变量之外的其他因素导致当期内生变量的波动。

8.4.1.2 变量选取

衡量货币政策效果可以对货币政策的中介目标进行测度，也可以对货币政策的最终目标进行测度。我国创新型货币政策的实施主要是为了缓解银行流动性不足，调整经济结构和支持实体经济增长。因此本书同时选取货币政策中介目标变量和最终目标变量作为衡量货币政策效果的指标。

创新型货币政策变量方面，我国人民银行实施的创新型货币政策，其主要政策变量包括常备借贷便利（SLF）、中期借贷便利（MLF）和抵押补充贷款（PSL）。[①] 创新型货币政策实施规模更能体现其政策对经济的影响程度，因此 SLF、MLF 和 PSL 采用货币余额绝对值。

套汇套利机制方面，采用人民币在岸汇率（CNY）和离岸汇率（CNH）的逐期计算差值（ΔEX）测度汇率预期，其中汇率采用直接标价法的人民币兑美元即期汇率代表。在贬值预期下，人民币离岸汇率高于在岸汇率，

---

① 由于短期流动性调节（SLO）2016 年之后停止操作，因此本书不将其作为创新型货币政策分析对象。

CNY - CNH 为负值，反之则 CNY - CNH 为正值。在岸和离岸利率分别选取 1 月期上海银行间同业拆放利率（Shibor）和 1 月期香港银行间同业拆借利率（Hibor），并逐期计算差值得到利差指标 ΔR。由于缺乏套利资金在离岸在岸间流动数额的真实数据，同时考虑到套利资金可能采取多种形式在离岸和在岸市场间进行套利活动，本书采用我国新增外汇储备法估算的热钱环比增长率（capital flow，CF）作为人民币离岸在岸市场套汇套利资金流动金额的代理变量。

货币政策中介目标方面，因为上海银行间同业拆放利率能够及时地反映市场资金供求状况，具有较高的代表性，本书选取 1 月期上海银行间同业拆放利率（Shibor）作为衡量市场利率水平的指标。衡量货币供应量的指标包括 M0、M1 和 M2，其中 M0 仅涵盖现金因而指标代表性较低。M2 则因包含定期存款而对国际指标流动敏感性不高，而且指标涉及经济周期较长。作为交易货币的 M1 对国际资本流动和实体经济活动反应更为灵敏，因此本书选取 M1 环比增长率作为货币供应量的代表指标。

货币政策最终目标方面，本书主要研究货币政策对物价波动和经济增长的影响程度与效果。CPI 作为经济运行的重要价格信号，在资源配置和宏观政策决策中起着关键作用。同时 CPI 作为我国央行进行政策制定和实施的重要参考指标，其综合反映了宏观经济的价格变动和情况，本书采用 CPI 月度环比增长率作为衡量价格水平的指标。经济活动的最终结果体系在 GDP 的增长，因而 GDP 是货币政策调控的重要目标。由于缺少 GDP 增长的月度数据，本书采用月度工业增加值环比增长率作为 GDP 代理指标。

VAR 模型要求数据具有平稳性，因此在对 VAR 模型拟合分析之前，首先对数据进行平稳性检验。依据 ADF 检验，CF、ΔEX、M1、Shibor、CPI、GDP、SLF、PSL 具有平稳性特征。MLF 和 ΔR 具有随机游走特征，取一阶差分值后则具有平稳性。根据 LR、AIC 和 SC 滞后性检验，选取滞后一期的 VAR 模型进行分析。对模型进行平稳性检验，所有特征根均在单位圆内，表明该模型是一个平稳系统，可以用于分析和预测。

8.4.2 创新型货币政策冲击响应分析

模型分析方面，首先分析创新型货币政策对套汇套利的冲击响应，在此基础上研究货币政策中介目标和最终目标对创新型货币政策的冲击响应，进而得出套汇套利行为对创新型货币政策影响的方向和时变性特征。其次，依据拟合的 VAR 模型，分别模拟不考虑香港离岸市场和考虑香港离岸市场情景下货币政策中介目标和最终目标预测值，进一步验证香港离岸市场对内地创新型货币政策效果的影响程度。

8.4.2.1 套汇和套利渠道对创新型货币政策的冲击响应分析

一单位 SLF 标准差新息冲击导致利差和汇差在第二期正向增大，之后逐渐下降到负值并趋于平稳。SLF 货币政策的主要特征为金融机构依据自身流动性需求向央行申请，SLF 增加并不能立刻缓解金融机构流动性问题，因而第一期冲击响应为 0。同时 SLF 增加预示着金融机构流动性紧缺，利率上升和汇率升值预期增加，进而会导致第二期汇差和利差正向增大，套汇套利资金流入，热钱冲击响应为正值。随着 SLF 的实施时间的延长和热钱不断流入，其政策有效缓解了金融机构的流动性压力，因而汇差和利差下降并低于 0，并且热钱小幅流出。

一单位 MLF 标准差新息冲击导致人民币贬值预期上升，汇差负向增大，但从第二期开始汇差为正向增大，之后逐渐下降并趋于 0。同时 MLF 冲击降低了在岸市场利率水平，利差负向扩大，第三期开始利差为正值，之后逐渐下降并趋于 0。利差和汇差的负向增大，导致热钱从在岸市场流向离岸市场，因此一单位 MLF 冲击导致热钱流出。随着汇差和利差的正向增加，从第三期开始热钱从离岸市场流入在岸市场。

一单位 PSL 标准差新息冲击导致第二期离岸在岸汇差及利差负向增大，

热钱流出，但影响程度较低。第三期及之后汇差、利差和热钱流动基本趋于 0。结合 PSL 货币政策本身的特点，其政策初衷是央行可以精确地调节流动性规模与方向，促进商业银行对指定领域提供信贷支持。因此，其政策专业性较强，溢出效应较低，因而汇率及利率市场的政策反应较小，热钱流动不明显。

8.4.2.2 货币政策中介目标和最终目标对创新型货币政策的冲击响应分析

SLF 政策冲击将降低利率和增加 GDP 产出。一单位 SLF 冲击导致第二期 Shibor 下降和 M1 上升，第三期 Shibor 上升和 M1 下降，之后波动逐渐减小并最终导致 Shibor 利率下降和 M1 增加。一单位 SLF 冲击导致 CPI 和 GDP 第二期有小幅上升，但 CPI 第三期降为负值，之后 CPI 和 GDP 逐渐趋于 0。结合图 8.2 至图 8.4，一单位 SLF 冲击导致利差及汇差正向增大，热钱由离岸市场流入在岸市场。表明离岸在岸套汇套利活动对 SLF 货币政策第二期有一定的增强作用，之后由于套汇的存在导致热钱流出从而降低了政策效果。

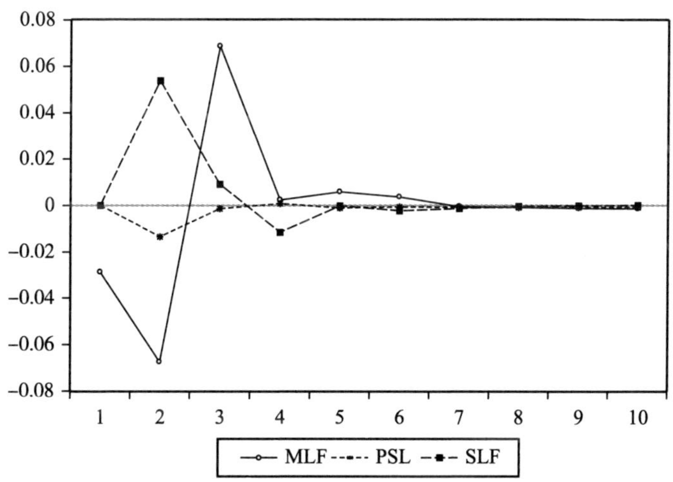

图 8.2 利差对创新型货币政策冲击响应

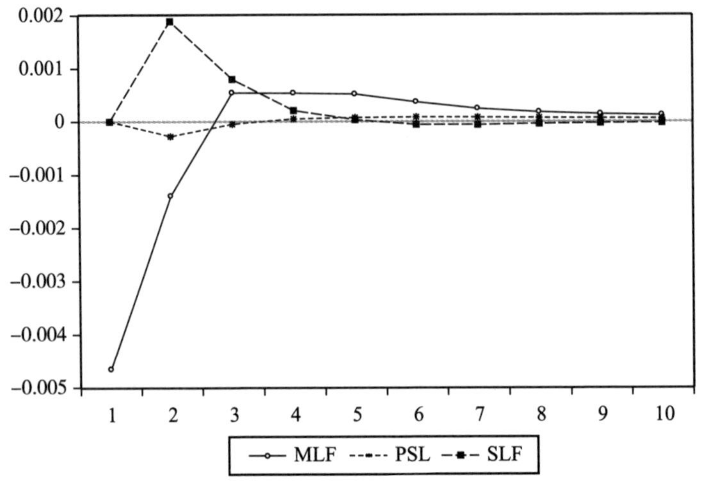

图 8.3　热钱对创新型货币政策冲击响应

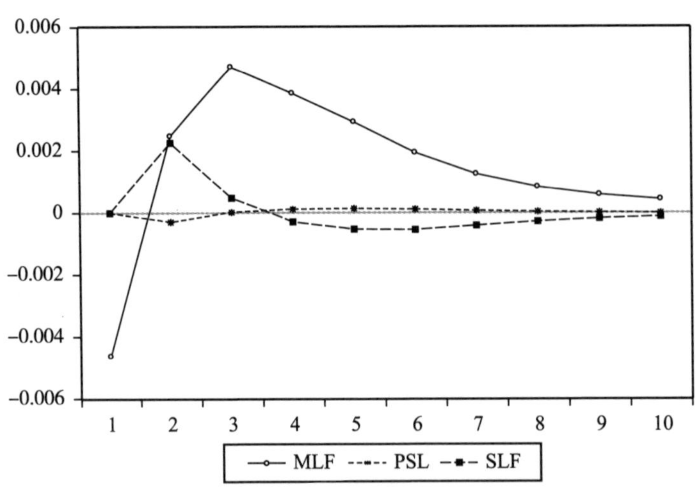

图 8.4　离岸在岸汇差对创新型货币政策冲击响应

MLF 冲击可以有效增加 GDP，但同时带来利率上升。一单位 MLF 冲击导致 M1 增加，第二期开始下降为负值，之后逐渐上升；同时 MLF 冲击导致 Shibor 利率第一期上升，第二期下降，并从第三期开始逐渐上升。结合图 8.2 至图 8.4 分析可知，MLF 冲击将导致汇差和利差负向增加和热钱流出，因此由于套汇套利活动导致 M1 下降 Shibor 利率上升，之后汇差和利差逐渐上升热钱流入，M1 逐渐上升，Shibor 利率从第六期之后开始缓慢下降。MLF 政策冲击增加了经济中的交易货币量 M1，但由于存在价格黏性，CPI 第二期开始上升，随着 M1 的回落，CPI 也逐渐下降并趋于稳定。然而 MLF 并不能立刻使得 GDP 增加，反而在套汇套利机制下，大量热钱流出导致第一期 GDP 为负值。之后随着资金的流入，从第二期开始上升为正值，并逐渐下降趋于稳定。

PSL 政策冲击增加了货币供给量和降低了市场利率。PSL 政策实施初衷是为了降低小微企业和基础建设领域的融资成本，同时连接短期与长期利率促进利率市场化调节机制。从图 8.5 至图 8.6 的冲击响应结果看，PSL 政策冲击导致 M1 第二期下降，这与政策实施目的相背离；同时 PSL 政策冲击导致利率长期下降则与政策初衷相一致。结合图 8.2 至图 8.4 分析可知，PSL 冲击将导致汇差和利差负向增加和热钱流出，因此由于套汇套利活动导致 M1 下降，之后汇差和利差逐渐上升热钱流入，M1 逐渐上升。PSL 的实施一定程度上提高了 CPI 水平，但对 GDP 促进作用较低（见图8.7 和图8.8）。分析原因可能因为本书选取的是工业增加值月度数据代替了 GDP，而 PSL 建立之初投放的重要领域则是棚户区改造。然而这种货币化的棚改措施并未有效地促进工业产出的增加。综合而言，PSL 的政策外溢相对较低，可以有效增加货币供给和降低 Shibor 市场利率，使得市场利率持续稳定在相对较低的水平，降低了社会融资成本。

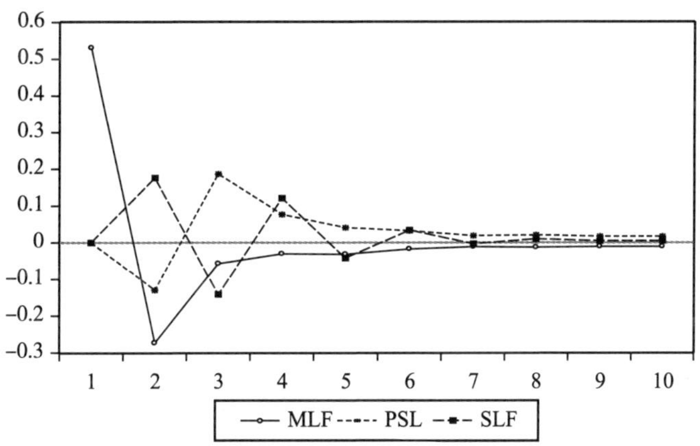

图 8.5　M1 对创新型货币政策冲击响应

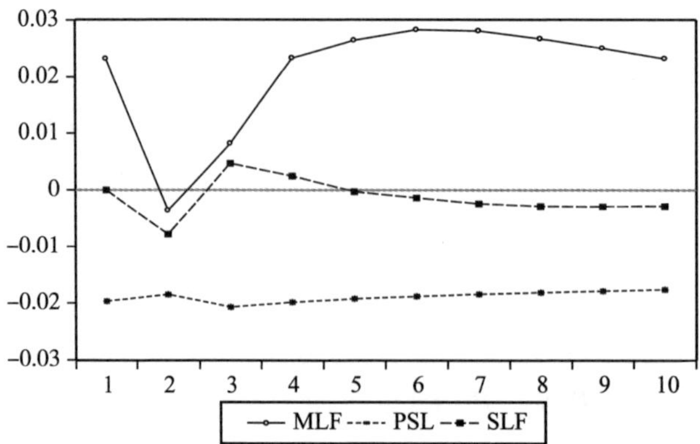

图 8.6　Shibor 对创新型货币政策冲击响应

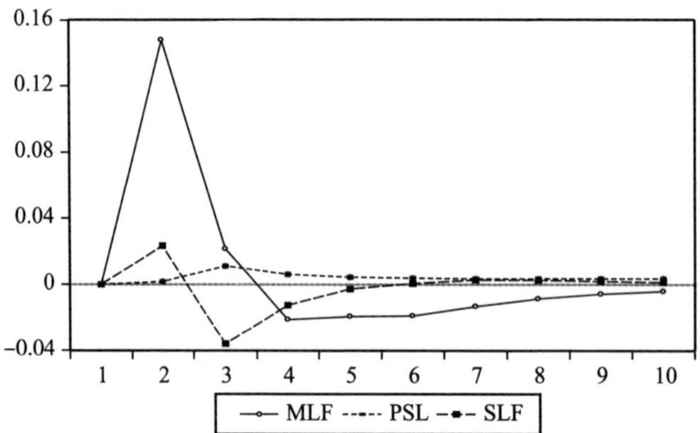

图 8.7　CPI 对创新型货币政策冲击响应

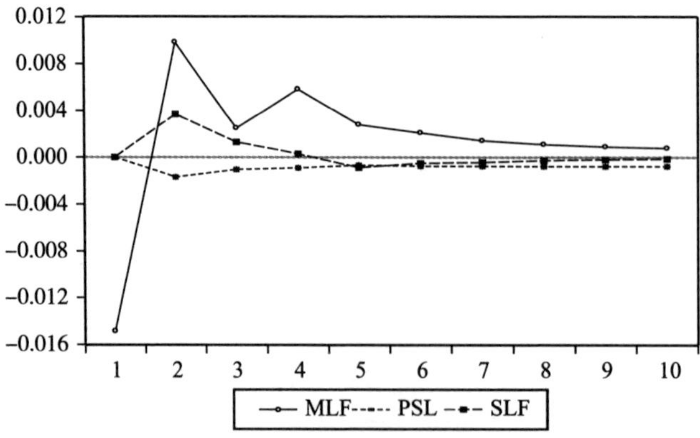

图 8.8　GDP 对创新型货币政策冲击响应

综上所述，套汇套利渠道导致的热钱流动对创新型货币政策有抵消作用，尤其是在政策实施初期，套利资金大规模流动导致政策效果被降低甚至出现与政策预期相反的情况。随着套汇套利过程的不断进行，获利空间逐渐降低并趋于均衡，此时政策效果得以显现。香港人民币离岸市场以及货币政策中介目标和最终目标对创新型货币政策的冲击响应进行整理，如图8.9至图8.11所示。

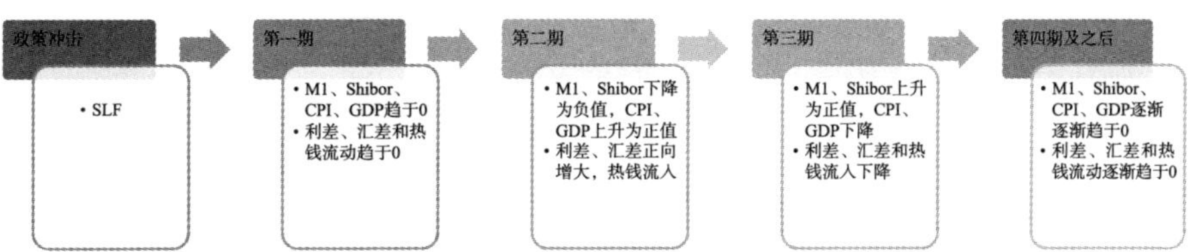

图8.9 货币政策目标与离岸市场对SLF政策冲击响应

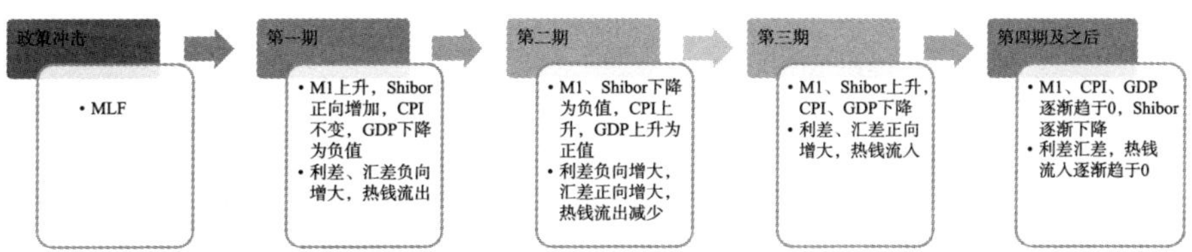

图8.10 货币政策目标与离岸市场对MLF政策冲击响应

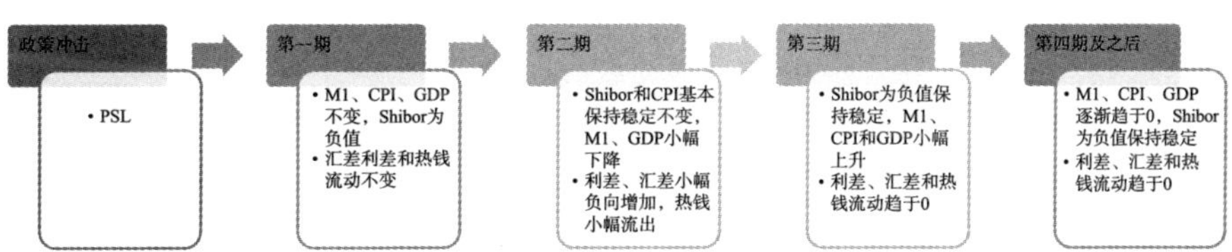

图8.11 货币政策目标与离岸市场对PSL政策冲击响应

8.4.3 政策模拟

在实际的政策执行过程中，央行会依据每期的经济运行数据进行分析，并不断对政策进行调整。据此本书依据前文构建的VAR模型，采用static方法对模型进行求解并模拟。该方法是依据内生变量的滞后一期数据对模型进行求解（滞后内生变量采用真实的历史数据），依据模型求解结果作为未来一期预测值，能够刻画央行的货币政策决策机制，具有较高的政策参考价值。具体求解过程中，对求解模型分别在不同情景假设条件下进行模拟，对比分析不同情景下的货币政策调控效果。在本书中假定的情景为：第一，将香港人民币离岸市场视为内地经济及货币政策的内生变量；第二，将香港人民币离岸市场视为内地经济及货币政策的外生变量。通过对不同情景下 M1、Shibor、CPI 和 GDP 模拟结果进行对比分析，进而得到货币政策调控效果的异同。

不包括香港离岸市场的情景将降低货币政策调控效果。包括离岸市场的模拟情景，考虑了套汇套利活动对经济系统的影响，即将人民币离岸在岸汇差、利差和热钱流动作为内生变量纳入模型中。不包括离岸市场的模拟情景则未考虑套汇套利活动对经济系统的影响，即将人民币离岸在岸汇差、利差和热钱流动作为模型的外生变量，其波动不受内地货币政策和宏观经济的影响。图 8.12 至图 8.15 中 Shibor、M1、CPI 和 GDP 的实际数据均具有较高的波动性，表明实际的宏观经济运行具有较大的不确定性。依据包括离岸市场的情景模拟得到的 Shibor、M1、CPI 和 GDP 数据与实际数据非常接近（图中曲线几乎重合），表明采用包括人民币离岸市场的模型更精确，能够较好刻画真实货币政策效果。而不包括人民币离岸市场的情景下，模型的模拟数据与真实数据存在较大差距，并且 Shibor 利率和 M1 供给量存在一定滞后性。其政策含义为：如果在不考虑套汇套利情况下，依据每期实际 Shibor 利率和 M1 政策中介目标的波动情况进行货币政策调整，将导致政策中介目标预期波动的滞后性，进而导致货币政策最终目标 CPI 和 GDP 的预期值与实际值出现更大的差距。央行在制定货币政策时应考虑到政策的漏出效应，将香港人民币离岸在岸汇差和利差视为经济系统的内生变量，即应该考虑货币政策导致的套利资金流动而对货币政策效果的影响。

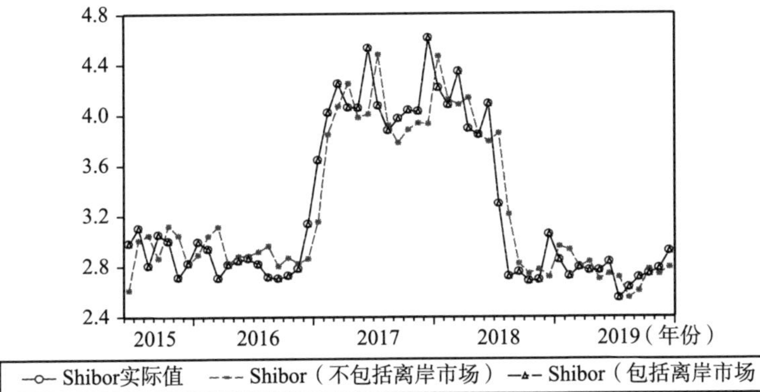

图 8.12 Shibor 模拟效果

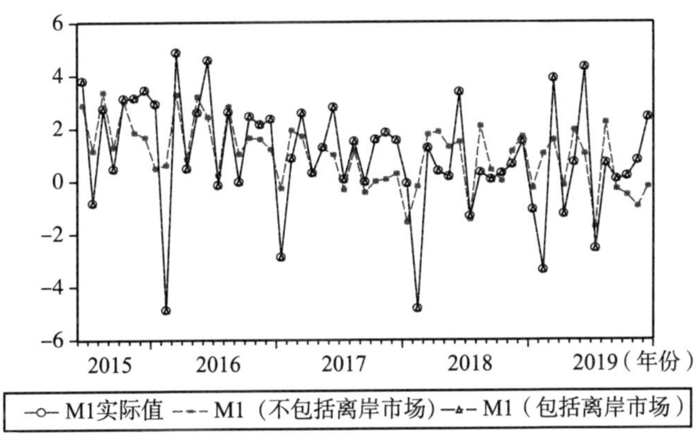

图 8.13 M1 模拟效果

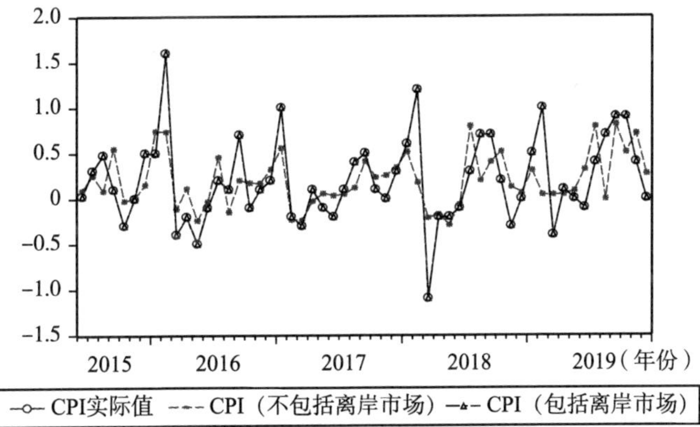

图 8.14 CPI 模拟效果

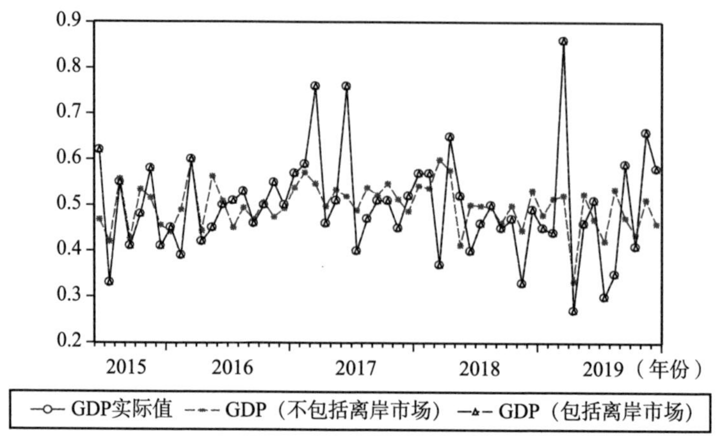

图 8.15　GDP 模拟效果

8.5　本章小结

本章在系统阐述香港人民币离岸市场对内地货币政策的影响机制基础上，构建 VAR 经济模型实证检验并模拟分析香港人民币离岸市场对内地货币政策效果的影响，同时对比研究了不同创新型货币政策的差异性。主要研究结论和建议如下：

第一，香港人民币离岸市场主要通过套汇套利机制对内地货币政策产生影响。在套汇套利机制下，内地扩张性的货币政策将导致资本从在岸流向香港离岸市场，从而降低了在岸市场货币供应量并提高了利率。反之，紧缩性货币政策则导致资本从香港离岸市场流入在岸市场，增加了在岸市场货币供应量并降低了利率。套汇套利导致的跨境资金流动，干扰了货币政策中介目标货币的供应量和利率，进而对货币政策效果产生影响。

第二，香港人民币离岸市场与在岸市场间套汇套利活动降低了创新型货币政策实施效果。通过冲击响应模型分析，在政策实施初期由于套汇套利行为导致的热钱流动影响了货币政策实施效果，甚至导致政策目标变量的波动与理论预期相反的结果。通过对不同情景的模拟表明，未包括香港人民币离岸市场情景的模拟结果数据波动幅度均低于真实数据，即未包括离岸市场情况下的政策目标预期波动更为平稳。表明套汇套利活动导致实际数据与政策预期出现偏差，从而对货币政策实施效果产生影响。而包括香港人民币离岸市场的模拟结果则与实际数据更接近，考虑套汇套利的政策预期更为准确。

第三，完善人民币离岸与在岸间资金流动的监控制度体系。人民币离岸在岸汇差和利差是影响热钱流动的重要影响因素，随着人民币离岸在岸制度的不断建立，资金流动的金额将进一步增加，风险因素更加复杂多变，尤其是其对我国货币政策的影响也进一步加深。因此，应在放宽人民币离岸在岸间流动渠道的同时，加强对资金流动的监管制度措施。为我国经济的平稳运行以及货币政策的有效实施提供了良好的制度环境和保障。

第四，完善利率和汇率形成机制。人民币离岸在岸汇差及利差的形成，根本原因在于人民币在不同市场间的定价机制存在差异性，汇差及利差的形成为套利存在可乘之机。因此，应进一步完善人民币在岸汇率以及利率的形成机制，逐步建立起以市场机制为基础的汇率及利率市场，进而能够及时有效地对市场信息做出反应和对风险因素做出准确的定价。从根本上减少套利资金在离岸和在岸间套利的空间及可能性，进而有利于我国货币政策的顺利实施和达到预期的货币政策效果。

第9章

结论与展望

汇率作为一国重要的资产价格，其价格的波动将影响一国的经济走势和货币政策实施的效果。然而影响汇率波动的因素众多，本书重点分析了金融市场不完全性、经济政策不确定性和人民币离岸市场对汇率波动的影响。在此基础上进一步研究了汇率波动对我国货币政策效果的影响。

9.1 研究结论与建议

9.1.1 研究结论

9.1.1.1 人民币汇率高阶矩风险方面

本书在构建高阶矩风险模型的基础上，提取人民币在岸、离岸汇率高阶矩数据，并对人民币汇率风险溢出效应进行了研究。研究表明人民币在岸、离岸汇率风险存在溢出效应，但不同阶矩风险等级的溢出机制及传导方向存在差异性。

第一，人民币在岸与离岸汇率均存在高阶矩风险。人民币在岸汇率条件方差小于离岸市场，而在岸汇率的条件偏度和条件峰度则大于离岸市场，揭示了人民币在岸汇率高阶矩风险大于离岸市场。这表明，尽管我国实行管理浮动的汇率制度，可以相对有效地控制汇率的波动幅度即二阶矩风险。然而管理浮动汇率制度，在一定程度上可能导致在岸人民币汇率不能及时有效地反映市场的真实信息状况。从而使得信息累积，引发偏度、峰度等高阶矩风险增大。

第二，人民币在岸与离岸汇率不同阶矩风险溢出效应存在差异性。人民币在岸、离岸一阶矩汇率风险存在相互溢出效应，表现为离岸和在岸人民币汇率同时升值和贬值。二阶矩和三阶矩方面（波动风险和偏度风险），离岸市场均是在岸市场的格兰杰原因并且离岸和在岸市场存在负相关性，离岸市场的二阶矩和三阶矩历史数据均可以预测在岸市场相应阶矩风险的走势。四阶矩方面（峰度风险），人民币离岸和在岸汇率均不能作为对方市场预测的依据，但其存在着正相关性，即人民币在岸和离岸市场出现暴涨（暴跌）风险概率趋同。

9.1.1.2 经济政策不确定性对人民币汇率的影响方面

本书在对经济政策不确定性影响人民币汇率机理进行分析的基础上，构建 EGARCH 模型实证检验了经济政策不确定性对人民币汇率水平和波动性的影响，主要研究结论及建议如下：

第一，经济政策不确定性通过影响投资者预期进而影响汇率水平和波动性。各国政府的经济政策传递了未来经济走势的重要信号，因而当经济政策不确定性上升时，投资者预期经济发展的不稳定性增强，并且投资者之间的分歧增加，进而投资者将对其投资组合进行调整，进而影响汇率水平和波动性。

第二，经济政策不确定性对人民币汇率水平和波动性均有显著影响。中国经济政策不确定性上升导致人民币贬值，而国外经济政策不确定性上升导致人民币升值。英国和日本的经济政策不确定性导致人民币兑英镑和日元的波动性风险上升，而中国的经济政策不确定性导致人民币兑美元汇率的波动性风险上升。这表明英国和日本的经济政策不确定性是人民币兑英镑和日元汇率风险的重要影响因素，而中国经济政策不确定性则是人民币兑美元波动性风险的重要影响因素。

9.1.1.3 外部约束下汇率波动对常规货币政策效果的影响方面

通过对我国政策约束因素进行分析并建立 VARX 模型，利用脉冲响应函数、方差分解等方法研究了在外部约束条件下汇率传递及货币政策对国内物价的影响，主要得出以下几点结论：

第一，我国货币政策受到外部约束影响。由于中国经济严重依赖出口，而且在国际贸易中大多采用美元或欧元结算。因而，我国央行在制定货币政策时不仅考虑国内变量，而且还考虑国外变量，存在外部约束。美国是我国第一大贸易出口国，同时由于美元是重要的国际货币，因而美国的经济发展状况和美国货币政策走向是我国货币政策面临的外部环境约束因素。石油对一国的物价水平有着基础性决定作用，而我国大部分石油需求需要从国外进口，因此国际原油价格也是我国货币政策面临的重要外生约束变量。

第二，货币政策可以有效应对汇率波动对物价的冲击。通过脉冲分析和方差分解得出 CPI 存在较大的价格黏性，而 PPI 的价格黏性则较低。利率 r 对 CPI 和 PPI 都有较大的冲击影响，同时利率 r 大于人民币实际有效汇率 REER 对 CPI 和 PPI 的影响，证明我国的货币政策可以有效调控汇率对国内物价的冲击。实施稳定而可信的货币政策应考虑诸多宏观经济变量之间可能产生的交叉影响及动态作用机制，并充分考虑汇率传递的大小及价格黏性。

9.1.1.4 人民币离岸市场对我国货币政策的影响方面

本书在系统阐述香港人民币离岸市场对内地货币政策的影响机制基础上，构建 VAR 经济模型实证检验并模拟分析香港人民币离岸市场对内地货币政策效果的影响，同时对比研究了不同创新型货币政策的差异性。主要研究结论和建议如下：

第一，香港人民币离岸市场主要通过套汇套利机制对内地货币政策产生影响。在套汇套利机制下，我国扩张性的货币政策将导致资本从在岸流向香港离岸市场，从而降低了在岸市场货币供应量并提高了利率。反之，紧缩性货币政策则导致资本从香港离岸市场流入在岸市场，增加了在岸市场货币供应量并降低了利率。套汇套利导致的跨境资金流动，干扰了货币政策中介目标货币供应量和利率，进而对货币政策效果产生影响。

第二，香港人民币离岸市场与在岸市场间套汇套利活动降低了创新型货币政策实施效果。通过冲击响应模型分析，在政策实施初期由于套汇套利行为导致的热钱流动影响了货币政策实施效果，甚至导致政策目标变量的波动与理论预期相反的结果。通过对不同情景的模拟表明，未包括香港人民币离岸市场情景的模拟结果数据波动幅度均低于真实数据，即未包括离岸市场情况下的政策目标预期波动更为平稳。表明套汇套利活动导致实际数据与政策预期出现偏差，从而对货币政策实施效果产生影响。而包括香港人民币离岸市场的模拟结果则与实际数据更接近，考虑套汇套利的政策预期更为准确。

9.1.2 政策建议

依据本书相关研究成果，提出如下政策建议。

第一，逐步丰富金融衍生品市场。在经过三次主要的汇率机制改革之后，人民币汇率弹性得到有效提高，能够更真实地反映出市场供求的变动。然而汇率波动幅度放大的同时，与人民币相关的金融衍生品发展不足。这在一定程度上值得国内企业不能通过利用金融衍生工具有效对冲外汇波动风险，外汇风险暴露程度较高。在这种情况下，央行货币政策的实施有可能使得企业面临的汇率上升，进而在一定程度上降低了货币政策效果。

第二，继续深化和完善外汇市场机制。尽管我国汇率形成机制的市场化程度已经取得显著提高，然而其报价机制仍有进一步完善的空间。由于我国人民币在岸市场与离岸市场汇率形成机制的差异，为套利资金利用汇差进行套利的机会。套利的存在会引起大量资本流动，进而影响央行对货币政策调控的目标变量波动的准确判断。人民币离岸在岸汇差及利差的形成，根本原因在于人民币在不同市场间的定价机制存在差异性。因此应进一步完善人民币在岸汇率以及利率的形成机制，逐步建立起以市场机制为基础的汇率及利率市场，进而能够及时有效地对市场信息做出反应和对风险因素做出准确的定价，从根本上减少套利资金在离岸和在岸间套利的空间及可能性。继续探索和完善汇率形成机制，逐步缩小人民币离岸在岸汇差，增强离岸在岸汇率的联动性，有助于提高我国货币政策的有效性。

第三，完善人民币离岸在岸间资金流动的监控制度体系。人民币离岸在岸汇差和利差是影响热钱流动的重要影响因素，随着人民币离岸在岸制度的不断建立，资金流动的金额将进一步增加，风险因素更加复杂多变，尤其是其对我国货币政策的影响也进一步加深。因此，应在放宽人民币离岸在岸间流动渠道的同时，加强对资金流动的监管制度措施。为我国经济的平稳运行以及货币政策的有效实施提供良好的制度环境和保障。

9.2 研究展望

本书在系统梳理人民币汇率波动风险来源的基础上，研究了汇率波动对我国货币政策效果的影响。随着人民币汇率改革的不断深入和我国货币政策工具的不断丰富，未来相关问题仍有待深入研究。

第一，在汇率风险来源方面，本书主要研究了金融市场不完全、经济政策不确定性以及高阶矩风险方面。这三种类型的风险从不同角度揭示了人民币汇率波动的原因。然而在不同市场条件下，不同类型的风险对汇率波动的影响可能存在差异。究竟何种风险构成汇率波动的主要因素，有待后续研究的深入理论分析和实证检验。

第二，汇率波动对货币政策的影响渠道尤其是对创新型货币政策的影响渠道和影响程度方面仍需要探索和研究。在新的经济环境下创新型货币政策的效果需要以发展的和动态的视角对待。在今后的研究中可以将宏观经济背景、汇率的动态变化纳入研究内容，考察其对货币政策效果影响的时变特征。

第三，作为发展中国家，我国的金融市场仍有待持续完善。随着改革的不断深入开展，货币政策的作用机制可能会发生改变，货币政策效果也可能出现不同。因此，应持续追踪我国金融市场状况，以及在不断变化的金融市场条件下不同货币政策工具的差异及适用性。

参考文献

[1] 巴曙松，曾智，王昌耀. 非传统货币政策的理论、效果及启示 [J]. 国际经济评论，2018 (2)：146－161.

[2] 白玥明. 人民币汇率变动与国际货币政策信号冲击——来自美、欧、日、英量化宽松政策的证据 [J]. 经济科学，2015 (6)：51－64.

[3] 卜永祥. 人民币汇率变动对国内物价水平的影响 [J]. 金融研究，2001 (3)：78－88.

[4] 蔡键，李宜泽，李宏瑾. 非常规货币政策运行机理、政策效果及风险分析 [J]. 金融发展评论，2016 (12)：4－20.

[5] 蔡旺春，李光明. 我国货币政策对人民币汇率影响的实证研究 [J]. 技术经济与管理研究，2014 (12)：111－114.

[6] 陈创练，杨子晖. "泰勒规则"、资本流动与汇率波动研究 [J]. 金融研究，2012 (11)：60－73.

[7] 陈丽，甄峰. 香港离岸与在岸人民币套汇问题研究 [J]. 国际金融研究，2017 (1)：89－96.

[8] 陈丽英，乐明浚. 我国创新型货币政策工具有效性研究 [J]. 浙江金融，2018 (2)：3－11.

[9] 陈六傅，刘厚俊. 人民币汇率的价格传递效应——基于VAR模型的实证分析 [J]. 金融研究，2007 (4)：1－13.

[10] 成学真，陈小林，吕芳. 中国结构性货币政策实践与效果评价——基

于数量型和利率导向型结构性货币政策的比较分析［J］．金融经济学研究，2018（1）：36－47．

［11］迟国泰，吴灏文，闫达文．基于高阶矩风险控制的贷款组合优化模型［J］．系统工程理论与实践，2012（2）：257－267．

［12］崔百胜．中国货币政策应兼顾资产价格与人民币汇率目标吗——基于LT-TVP-VAR模型的实证分析［J］．国际贸易问题，2017（8）：165－176．

［13］崔媛媛，王建琼，庄泓刚．参数不确定条件下考虑偏度的投资组合［J］．系统工程理论与实践，2011（9）：1628－1634．

［14］邓伟，袁小惠．中国货币政策创新工具：产生、比较与效果分析［J］．江西财经大学学报，2016（4）：23－30．

［15］邓永亮，李薇．汇率波动、货币政策传导渠道及有效性——兼论“不可能三角”在我国的适用性［J］．财经科学，2010（4）：1－9．

［16］方福前，吴江．三类冲击与人民币实际汇率波动——与日元、韩元比较［J］．财贸经济，2009（12）：38－44．

［17］方立兵，曾勇．股市收益率高阶矩风险的产生机制检验［J］．中国管理科学，2016（4）：27－36．

［18］郭梅军，蔡跃洲．汇率是否应该成为货币政策的主要目标——基于汇率传导机制及央行反应函数的分析［J］．财经科学，2004（5）：88－92．

［19］郭敏，贾君怡．人民币外汇市场稳定性管理——基于内地与香港人民币汇率价差的视角［J］．国际贸易问题，2016（1）：155－165．

［20］洪永淼，成思危，刘艳辉，汪寿阳．中国股市与世界其他股市之间的大风险溢出效应［J］．经济学（季刊），2004（2）：703－726．

［21］惠晓峰，王玉华，张光森．人民币汇率对国内价格的传导效应研究——基于VAR模型的实证分析［J］．管理工程学报，2013（4）：67－74．

［22］蒋翠侠，张世英．金融高阶矩风险溢出效应研究［J］．中国管理科学，2009（1）：17－28．

［23］李婷，岳金桂．货币政策和财政政策对人民币汇率的波动效应实证研究——基于SVAR模型［J］．商业经济研究，2015（20）：85－87．

[24] 李颖．汇率对物价水平的传导机制及效果的理论分析［J］．山东社会科学，2008（3）：79－81.

[25] 刘培根．我国创新型货币政策工具的运用及其效果研究［D］．蚌埠：安徽财经大学，2016.

[26] 刘晓辉，张璟．汇率制度与货币政策框架：演变、特征与启示［J］．国际金融研究，2018（1）：46－56.

[27] 刘尧成．供求冲击与人民币汇率的波动：基于DSGE两国模型的模拟分析［J］．南方经济，2010（9）：29－39.

[28] 马国轩，于润．人民币均衡汇率波动的影响因素分析［J］．经济科学，2013（5）：76－87.

[29] 马理，潘莹，张方舟．定向降准货币政策的调控效果［J］．金融论坛，2017（2）：46－55.

[30] 麦勇，陈欢．汇率制度改革与人民币汇率联动的特征研究［J］．世界经济研究，2016（11）：3－10.

[31] 秦伟广，安辉，邹千邈，李竹薇．非常规货币政策传导机理研究［J］．财经科学，2015（12）：19－27.

[32] 石建勋，孙亮．人民币汇率定价权之争——基于在岸－离岸汇率的联动关系［J］．经济经纬，2017（5）：49－55.

[33] 史代敏，田乐蒙，刘震．中国股市高阶矩风险及其对投资收益的冲击［J］．统计研究，2017（10）：66－76.

[34] 宋翠玲，乔桂明．国际短期资本流动对货币政策有效性的影响分析——基于VAR模型和脉冲响应函数的研究［J］．审计与经济研究，2014（5）：97－104.

[35] 孙丹，李宏瑾．经济新常态下我国货币政策工具的创新［J］．南方金融，2017（9）：1－8.

[36] 孙烽，程阳锋，陈劲松．货币冲击下的实际汇率波动：一个分析框架［J］．世界经济文汇，2001（6）：29－33.

[37] 孙立坚，李安心，吴刚．开放经济中的价格传递效应：中国的例证［J］．经济学（季刊），2003（1）：125－146.

[38] 唐琳，胡海鸥．人民币汇率、国际资本流动与货币政策有效性研究——基于修正 BGT 模型的实证分析［J］．经济理论与经济管理，2016（9）：40-53.

[39] 万光彩，叶龙生．我国创新型货币政策工具运用的效果分析［J］．江南大学学报（人文社会科学版），2018（1）：76-84.

[40] 王博，刘澜飚．经济冲击与汇率制度选择：基于中国的理论和经验研究［J］．南开经济研究，2012（3）：3-23.

[41] 王芳，甘静芸，钱宗鑫，何青．央行如何实现汇率政策目标——基于在岸-离岸人民币汇率联动的研究［J］．金融研究，2016（4）：34-49.

[42] 王庆龙，刘力臻．跨境贸易人民币结算中的套汇套利机制及其时变特征——基于中国香港离岸市场的研究［J］．国际金融研究，2019（1）：76-85.

[43] 王正新，姚培毅．中国经济政策不确定性的跨国动态溢出效应［J］．中国管理科学，2019（5）：78-85.

[44] 王志伟，吴诗锋．两部门开放经济中的货币政策冲击——兼论汇率和价格之谜［J］．经济学家，2012（2）：75-82.

[45] 吴恒煜，胡根华，吕江林．人民币汇率市场化，结构相依与结构突变［J］．数理统计与管理，2016（1）：106-121.

[46] 吴丽华．人民币汇率对我国国内价格传导效应研究［J］．中国经济问题，2010（2）：3-9.

[47] 吴晓芳，谢建国，葛秋颖．人民币汇率制度改革影响了中国货币政策的有效性吗？［J］．经济评论，2017（1）：28-39.

[48] 徐奇渊．人民币汇率对 CPI 的传递效应分析［J］．管理世界，2012（1）：59-66.

[49] 徐昱东．俄罗斯地区营商环境与中资进入的区位选择研究［M］．北京：中国社会科学出版社，2019.

[50] 许少强，张记伟．外汇市场压力下中国货币政策效果的实证分析［J］．国际金融研究，2009（9）：64-72.

[51] 杨雪峰．国内价格的汇率传递性——基于 VAR 模型的实证研究［J］．

上海经济研究，2010（10）：13－21.

［52］尹力博，李勍．投资者关注对人民币汇率价差波动的影响研究——基于 GARCH-MIDAS 模型［J］．管理科学，2017（5）：147－159.

［53］余瑞敏，陈文府．我国创新型货币政策工具有效性分析［J］．长沙大学学报，2019（1）：10－13.

［54］余振，顾浩，吴莹．结构性货币政策工具的作用机理与实施效果——以中国央行 PSL 操作为例［J］．世界经济研究，2016（3）：36－44.

［55］詹小颖．人民币汇率、通货膨胀与新汇制的货币政策绩效——基于汇改前后两个时期数据的实证研究［J］．国际贸易问题，2012（11）：156－164.

［56］张国富，皇甫星，杜子平．基于 R 藤的人民币汇率相依结构参数估计不确定性分析［J］．世界经济研究，2015（12）：24－34.

［57］张海波，陈红．不同阶段人民币汇率的价格传导机制分析［J］．统计研究，2011（9）：35－41.

［58］张翔，何平，马菁蕴．人民币汇率弹性和我国货币政策效果［J］．金融研究，2014（8）：18－31.

［59］赵鹏．货币政策困境与人民币汇率问题研究［J］．经济经纬，2008（4）：132－135.

［60］赵文胜，张屹山．货币政策冲击与人民币汇率动态［J］．金融研究，2012（8）：1－15.

［61］赵燕，陈思嘉．我国货币政策转型与创新型货币政策工具的实践分析［J］．商业经济，2018（9）：157－158.

［62］赵玉娟．人民币汇率变动、通货膨胀与货币政策有效性——M-F 模型在我国的适应性调整及应用［J］．上海经济研究，2007（5）：10－16.

［63］郑振龙，郑国忠．高阶矩风险溢酬：信息含量及影响因素［J］．数理统计与管理，2017（3）：550－570.

［64］周建，赵琳．人民币汇率波动与货币政策调控难度［J］．财经研究，2016（2）：85－96.

［65］朱惠，潘琦．我国货币政策对人民币汇率的传导机制探究［J］．统计与

决策，2012（16）：147－149.

[66] 朱孟楠，闫帅．经济政策不确定性与人民币汇率的动态溢出效应［J］．国际贸易问题，2015（10）：111－119.

[67] 朱孟楠，张雪鹿．境内外人民币汇率差异原因研究［J］．国际金融研究，2015（5）：87－96.

[68] Adler，G.，R. Lama，and J. P. Medina. Unconventional policies and exchange rate dynamics [J]. Journal of International Money and Finance, 2019, 95: 402－423.

[69] Adolfson，M. Incomplete exchange rate pass-through and simple monetary policy rules [J]. Journal of International Money and Finance, 2007, 26 (3): 468－494.

[70] Aleem，A.，and A. Lahiani. Monetary policy credibility and exchange rate pass-through: Some evidence from emerging countries [J]. Economic Modelling, 2014, 43: 21－29.

[71] Alvarez，F.，A. Atkeson，and P. J. Kehoe. If exchange rates are random walks, then almost everything we say about monetary policy is wrong [J]. American Economic Review, 2007, 97 (2): 339－345.

[72] Audzei，V.，and F. Brázdik. Monetary policy and exchange rate dynamics: The exchange rate as a shock absorber [R]. Czech National Bank, Working Paper Series, 2012, 9.

[73] Bartsch，Z. Economic policy uncertainty and dollar-pound exchange rate return volatility [J]. Journal of International Money and Finance, 2019, 98: 102067.

[74] Beckmann，J.，and R. Czudaj. Exchange rate expectations and economic policy uncertainty [J]. European Journal of Political Economy, 2017, 47: 148－162.

[75] Beckmann，J.，and R. Czudaj. Exchange rate expectations since the financial crisis: Performance evaluation and the role of monetary policy and safe haven [J]. Journal of International Money and Finance, 2017, 74: 283－300.

[76] Beirne, J., and M. Bijsterbosch. Exchange rate pass-through in central and eastern European EU Member States [J]. Journal of Policy Modeling, 2011, 33 (2): 241 - 254.

[77] Benigno, G., P. Benigno, and S. Nisticò. Risk, monetary policy and the exchange rate [J]. NBER Macroeconomics Annal, 2012, 26 (1): 247 - 309.

[78] Betts, C., and M. B. Devereux. Exchange rate dynamics in a model of pricing-to-market [J]. Journal of International Economics, 2000, 50 (1): 215 - 244.

[79] Betts, C., and M. B. Devereux. The exchange rate in a model of pricing-to-market [J]. European Economic Review, 1996, 40 (3): 1007 - 1021.

[80] Bouakez, H., and A. Eyquem. Government spending, monetary policy, and the real exchange rate [J]. Journal of International Money and Finance, 2015, 56: 178 - 201.

[81] Bouakez, H., and M. Normandin. Fluctuations in the foreign exchange market: How important are monetary policy shocks? [J]. Journal of International Economics, 2010, 81 (1): 139 - 153.

[82] Brun-Aguerre, R., A. Fuertes, and K. Phylaktis. Exchange rate pass-through into import prices revisited: What drives it? [J]. Journal of International Money and Finance, 2012, 31 (4): 818 - 844.

[83] Brunnermeier, M. K., and D. Abreu. Bubbles and crashes [J]. Econometrica, 2002, 71 (1): 173 - 204.

[84] Chen, L., Z. Du, and Z. Hu. Impact of economic policy uncertainty on exchange rate volatility of China [J]. Finance Research Letters, 2020, 32: 101266.

[85] Cheung, Y., and M. S. Yiu. Offshore renminbi trading: Findings from the 2013 triennial central bank survey [J]. International Economics, 2017, 152: 9 - 20.

[86] Cheung, Y. W., M. Chinn, and E. Fujii. Market structure and the persist-

ence of sectoral real exchange rates [J]. International Journal of Finance & Economics, 2001, 6 (2): 95 – 114.

[87] Choudhri, E. U., and D. S. Hakura. The exchange rate pass-through to import and export prices: The role of nominal rigidities and currency choice [J]. Journal of International Money and Finance, 2015, 51: 1 – 25.

[88] Danne, C., and G. Schnabl. A role model for China? Exchange rate flexibility and monetary policy in Japan [J]. China Economic Review, 2008, 19 (2): 183 – 196.

[89] Devereux, M. B., and C. Engel. Exchange rate pass-through, exchange rate volatility, and exchange rate disconnect [J]. Journal of Monetary economics, 2002, 49 (5): 913 – 940.

[90] Devereux, M. B., and J. Yetman. Globalisation, pass-through and the optimal policy response to exchange rates [J]. Journal of International Money and Finance, 2014, 49, Part A (0): 104 – 128.

[91] Dornbusch, R. Exchange rates and prices [R]. NBER Working Paper No. 1769, 1987.

[92] Engel, C., and K. D. West. Exchange rates and fundamentals [J]. Journal of Political Economy, 2005, 113 (3): 485 – 517.

[93] Fan, L., Y. Yu, and C. Zhang. An empirical evaluation of China's monetary policies [J]. Journal of Macroeconomics, 2011, 33 (2): 358 – 371.

[94] Faust, J., and J. H. Rogers. Monetary policy's role in exchange rate behavior [J]. Journal of Monetary Economics, 2003, 50 (7): 1403 – 1424.

[95] Fisher, L. A., and H. Huh. Monetary policy and exchange rates: Further evidence using a new method for implementing sign restrictions [J]. Journal of Macroeconomics, 2016, 49: 177 – 191.

[96] Fleming, J. M. Domestic financial policies under fixed and floating exchange rates [J]. Staff Papers-International Monetary Fund, 1962 (9): 369 – 380.

[97] Fontaine, I., J. Razafindravaosolonirina, and L. Didier. Chinese policy un-

certainty shocks and the world macroeconomy: Evidence from STVAR [J]. China Economic Review, 2018, 51: 1-19.

[98] Fratzscher, M. Communication and exchange rate policy [J]. Journal of Macroeconomics, 2008, 30 (4): 1651-1672.

[99] French, K. R., G. W. Schwert, and R. F. Stambaugh. Expected stock returns and volatility [J]. Journal of Financial Economics, 1987, 19 (1): 3-29.

[100] Funke, M., C. Shu, and X. Cheng. Assessing the CNH-CNY pricing differential: Role of fundamentals, contagion and policy [J]. Journal of International Money and Finance, 2015, 59: 245-262.

[101] Gali, J., and T. Monacelli. Monetary policy and exchange rate volatility in a small open economy [J]. The Review of Economic Studies, 2005, 72 (3): 707-734.

[102] Gali, J., and T. Monacelli. Optimal monetary policy and exchange rate volatility in a small open economy [R]. Manuscript, Universitat Pompeu Fabra and Boston College, 2000.

[103] Gambacorta, L., B. Hofmann, and G. Peersman. The effectiveness of unconventional monetary policy at the zero lower bound: A cross-country analysis [J]. Journal of Money, Credit and Banking, 2014, 46 (4): 615-642.

[104] Ida, D. Tobin's Q channel and monetary policy rules under incomplete exchange rate pass-through [J]. Economic Modelling, 2013, 33: 733-740.

[105] Jiang, J., and D. Kim. Exchange rate pass-through to inflation in China [J]. Economic Modelling, 2013, 33: 900-912.

[106] Jiang, Y., L. He, and J. Meng. Nonlinear impact of economic policy uncertainty shocks on credit scale: Evidence from China [J]. Physica A: Statistical Mechanics and its Applications, 2019, 521: 626-634.

[107] Jianguo, X. Price convexity and skewness [J]. Journal of Finance, 2007,

62 (5): 2521 -2552.

[108] Jääskelä, J. P., and D. Jennings. Monetary policy and the exchange rate: Evaluation of VAR models [J]. Journal of International Money and Finance, 2011, 30 (7): 1358 -1374.

[109] Kia, A. Determinants of the real exchange rate in a small open economy: Evidence from Canada [J]. Journal of International Financial Markets, Institutions and Money, 2013, 23: 163 -178.

[110] Kido, Y. On the link between the US economic policy uncertainty and exchange rates [J]. Economics Letters, 2016, 144: 49 -52.

[111] Kido, Y. The transmission of US economic policy uncertainty shocks to Asian and global financial markets [J]. The North American Journal of Economics and Finance, 2018, 46: 222 -231.

[112] Koivu, T. Has the Chinese economy become more sensitive to interest rates? Studying credit demand in China [J]. China Economic Review, 2009, 20 (3): 455 -470.

[113] Krugman, P. R. Pricing to market when the exchange rate changes [R]. NBER Working Papers, 1986.

[114] Kurov, A., and R. Stan. Monetary policy uncertainty and the market reaction to macroeconomic news [J]. Journal of Banking & Finance, 2018, 86: 127 -142.

[115] Löchel, H., N. Packham, and F. Walisch. Determinants of the onshore and offshore Chinese government yield curves [J]. Pacific-Basin Finance Journal, 2016, 36: 77 -93.

[116] Leitemo, K., and U. Söderström. Simple monetary policy rules and exchange rate uncertainty [J]. Journal of International Money and Finance, 2005, 24 (3): 481 -507.

[117] Ma, X., Z. Zhang, and X. Ma. Measuring cross-category spillovers of policy-specific uncertainty in China [J]. Economics Letters, 2019, 183: 108611.

[118] Mirdala, R. Exchange rate pass-through to consumer prices in the European transition economies [J]. Procedia Economics and Finance, 2014, 12: 428-436.

[119] Monacelli, T. Into the Mussa puzzle: Monetary policy regimes and the real exchange rate in a small open economy [J]. Journal of International Economics, 2004, 62 (1): 191-217.

[120] Mundell, R. A. Capital mobility and stabilization policy under fixed and flexible exchange rates [J]. Canadian Journal of Economics & Political Science, 1963, 29 (4): 475-485.

[121] Obstfeld, M., and K. Rogoff. Exchange rate dynamics redux [J]. Journal of Political Economy, 1995, 103 (3): 624-660.

[122] Owyong, D., W. Wong, and I. Horowitz. Cointegration and causality among the onshore and offshore markets for China's currency [J]. Journal of Asian Economics, 2015, 41: 20-38.

[123] Pindyck, R. S. Risk, inflation, and the stock market [J]. American Economic Review, 1984, 74 (3): 335-351.

[124] Qin, J., J. Ge, and X. Lu. The effectiveness of the monetary policy in China: New evidence from long-range cross-correlation analysis and the components of multifractality [J]. Physica A: Statistical Mechanics and its Applications, 2018, 506: 1026-1037.

[125] Rabanal, P., and V. Tuesta. Euro-dollar real exchange rate dynamics in an estimated two-country model: An assessment [J]. Journal of Economic Dynamics and Control, 2010, 34 (4): 780-797.

[126] Romer, D. Rational Asset-price movements without news [J]. American Economic Review, 1993, 83 (5): 1112-1130.

[127] Sek, S. K. Interactions between monetary policy and exchange rate in inflation targeting emerging countries: The case of three East Asian countries [J]. International Journal of Economics and Finance, 2014, 1 (2): 27.

[128] Shu, C., D. He, and X. Cheng. One currency, two markets: The renminbi's

growing influence in Asia-Pacific [J]. China Economic Review, 2015, 33: 163 - 178.

[129] Sims, C. A. Macroeconomics and reality [J]. Econometrica, 1980, 48 (1): 1 - 48.

[130] Smets, F. Measuring monetary policy shocks in France, Germany and Italy: The role of the exchange rate [R]. Working Paper No. 42, 1997 - 06.

[131] Taylor, J. B. Low inflation, pass-through, and the pricing power of firms [J]. European Economic Review, 2000, 44: 1389 - 1408.

[132] Trung, N. B. The spillover effects of US economic policy uncertainty on the global economy: A global VAR approach [J]. The North American Journal of Economics and Finance, 2019, 48: 90 - 110.

[133] Warnock, F. E. Exchange rate dynamics and the welfare effects of monetary policy in a two-country model with home-product bias [J]. Journal of International Money and Finance, 2003, 22 (3): 343 - 363.

[134] Xu, H., W. Zhou, and D. Sornette. Time-dependent lead-lag relationship between the onshore and offshore Renminbi exchange rates [J]. Journal of International Financial Markets, Institutions and Money, 2017, 49: 173 - 183.

[135] Zhou, Z., Z. Fu, and Y. Jiang. Can economic policy uncertainty predict exchange rate volatility? New evidence from the GARCH-MIDAS model [J]. Finance Research Letters, 2020, 34: 101258.